网企业班组管理最佳实践丛书

# 班组建设 提升

TEAM BUILDING TO ENHANCE

国网浙江省电力有限公司 组编

二维码为本册重要知识点讲解**微课件**，

欢迎扫描学习

中国电力出版社
CHINA ELECTRIC POWER PRESS

## 内容提要

本书作为“电网企业班组管理最佳实践丛书”之《班组建设提升》分册，包括班组创新建设管理、班组民主建设管理、班组文化建设管理及班组团队建设管理四部分内容。

本书可供基层一线班组长学习使用，提高班组长开展班组建设的综合技能，全面提升班组建设水平。

**图书在版编目（CIP）数据**

电网企业班组管理最佳实践丛书．班组建设提升 / 国网浙江省电力有限公司组编．—北京：中国电力出版社，2018.5

ISBN 978-7-5198-1770-1

Ⅰ．①电… Ⅱ．①国… Ⅲ．①电力工业－工业企业管理－班组管理－中国 Ⅳ．① F426.61

中国版本图书馆 CIP 数据核字 (2018) 第 034962 号

---

出版发行：中国电力出版社
地　　址：北京市东城区北京站西街 19 号（邮政编码 100005）
网　　址：http://www.cepp.sgcc.com.cn
责任编辑：刘丽平（liping-liu @ sgcc.com.cn）王蔓莉
责任校对：李　楠
装帧设计：张俊霞　左　铭
责任印制：邹树群

---

印　刷：北京九天众诚印刷有限公司
版　次：2018 年 5 月第一版
印　次：2018 年 5 月北京第一次印刷
开　本：880 毫米 ×1230 毫米　32 开本
印　张：3.75　插页 1
字　数：82 千字
定　价：20.00 元

---

## 丛书编委会

**主　　编**　董兴奎　朱维政

**副主编**　徐　林　俞　洁　王　权　赵春源

**委　　员**　郭建平　龚传华　顾建明　宋　勤
俞利健　周晓虎　陈　雯　解志良
陈金红

## 本册编写组

**组　　长**　陈　雯

**副组长**　周晓虎

**编写人员**　唐健毅　刘一宁　曹一帆　吕梦妮
陈福能　汤永根　程健彬　李康宁
钟　海　徐前茅　曹　辉　李青杉
孙红晓

# 丛书序

随着国网浙江省电力有限公司大力加强公司班组建设，完善了班组工作机制，巩固了班组管理基础，并涌现出了一大批优秀班组和班组建设创新成果，为公司安全发展、创新发展、科学发展起到了重要的支撑和推动作用。

为了能更好地应对电力体制改革新形势，总结交流班组管理经验，展示班组建设成果，研究探讨加强班组管理的方法和有效途径，提高班组建设管理水平，国网浙江省电力有限公司将班组管理的创新成果进行收集，整理并改编，最终汇编成《电网企业班组管理最佳实践丛书》，并开发配套微课件，从而发挥班组管理典型的激励、带动和示范作用，有效引导班组长管理对标的开展，提升基层班组管理水平。

本丛书是由基层一线班组长亲自参与撰写，面向基层一线，丛书具有以下几个特点：一是内容涵盖全面。丛书从班组长个人素质提升、班组团队管理、班组日常工作管理、班组建设提升以及新形势下班组管理五个方面展开，涉及班组长工作中的方方面面，对其工作开展起到全方位的指导作用。二是形式新颖，有趣易学。丛书完全由案例组成，配有漫画，图文并茂，故事情节真实丰富，增强班组长阅读过程中的代入感，使班组长在轻松的阅读体验中逐渐提升个人能力。三是着重笔墨在案例的解读分析，阐明案例中蕴含的工作方法与管理理论，帮助班组长快速获取相关知识。四是配合教学微课件。班组长除阅读丛书外，还可以通过教材配套微课件进一步了解丛书讲解要点，感受经典案例的魅力。课件生动形象，易学易懂。

最后，感谢所有为本丛书付出辛勤劳动的编写人员。希望本书的出版，能够为电网企业的班组建设添砖加瓦！

# 前 言

班组是公司管理的基础，班组建设的好坏往往会直接影响到公司管理的成败。为贯彻落实公司关于班组建设的决策部署，提升班组建设水平，本书收录了班组建设相关的大量实例，通过案例描述指导班组长开展班组建设工作。

本书为“电网企业班组管理最佳实践丛书”之《班组建设提升》分册，包含班组创新建设管理、班组民主建设管理、班组文化建设管理及班组团队建设管理四部分，全面介绍班组长为加强班组建设所需具备的综合技能。从班组建设的实际问题出发，帮助班组长快速掌握开展班组建设工作的有效方法。

在此谨向参与本书编写、研讨、审核的各位领导、专家及有关单位致以诚挚的感谢！

限于编者水平和经验，书中如有疏漏、不足之处，恳请读者批评指正。

编　者

# 目 录

CONTENTS

## Part 4 班组团队建设管理

# Part 1

# 班组创新建设管理篇

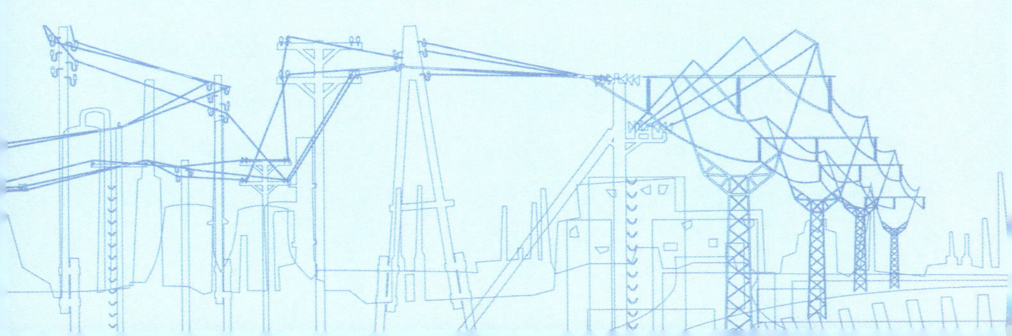

# 人人当老师，相互促学习

## 写在前面的话

学习是班组整体进步的原动力，让全体班组成员有机会分享自己掌握的专业知识、操作技巧和工作经验，有利于营造积极的班组学习氛围。

## 案例聊一聊

随着新技术、新设备的不断更新换代，智能变电站的落地生根，作为一线班组，其班组成员的技术水平也应当相应提升来应对变化革新。公司内部开展了丰富的新技术培训，但是由于工作任务重，工作忙碌导致学习时间少，就班组整体而言新技术的接受水平并未达到预期的效果。

某变电检修班组的班组长小张最近对于这个问题感到很苦恼，一边是大家对于新设备的性能、操作不熟悉，一边是新设备即将投入运行，维护工作即将展开，能否保证新设备能正常运行，一旦异常该如何应对，这些可能出现的问题都让小张夜不能寐。

这天，小张将自己的困扰向培训中心经验丰富的李老师倾诉了一番：“李老师，你说我怎么能尽快让大家能熟悉新设备，掌握新技术呢?”李老师仔细思考了一番，说道：“对于新设备和新技术，刚接触谁都会害怕，你得让他们有学习的兴趣才能带动班组成员一起学习一起进步啊。”小张一拍脑袋，对啊，学习兴趣很重要啊，随即又愁眉苦脸，“李老师，这学习兴趣的培养才是真的难啊!”“小张，我们对学习本身就会有逃避感，你要让你的班员们无法逃避学习，并且对学习建立信心有成就感，自然就能让大家尽快成为技术人才了啊。”

小张顺着李老师的思路陷入了沉思，灵光一闪，小张突然想到可以开展“创争”活动，组织班组成员开设一个小课堂，人人当老师，来分享自己学到的技术，既可以变相布置学习任务，又可以使班组成员迫于讲课的压力产生学习动力。小张赶紧将自己的想法与技术员小刘商量了一番，小刘也正好为班组的学习氛围而困扰，“班长，我也在担心班员们对新技术、新设备不熟是不是会对以后的工作埋下安全隐患，我赞成您的想法，这可以让我们都有本质上的提升啊。”两人一拍即合，还敲定了小课堂开展的细节，决定就那么办，并在本周的班组会议上提出了这个想法，征得了全体班组成员的同意。

说干就干，小张先是将班组成员分成专业理论小组和实操经验小组，其中专业理论小组以青年员工为主，考虑到他们理论基础扎实，吸收新技术知识快，更有利于讲清楚复杂的理论知识。而实操经验小组以年长的老师傅为主，他们虽然新技术接受能力比不上年轻人，但是多年的实操经验是一块宝。然后，规定每个小组每周按照固定的轮换名单指定一名“小老师”，在周五班组会议结束后，开展小课堂。而小课堂的上课内容提前两周由班组长和技术员商量后指定内容，选择大家不懂不会、想懂想会的知识点作为上课的内容，并提前通知相应的“小老师”以让他有充足的时间进行准备。

每次小课堂结束，班组长会进行相应的学员评分。对于部分应付任务走形式的班组成员，指定相应的惩罚措施；对于认真讲课传授知识的成员，将其评为“优秀小老师”。

自从该方案实施后，变电检修班的学习氛围大大改善，对于讲课的成员来说，对讲课的内容有了很深刻的认识，而对于听课的人来说相互切磋的同时又学到了很多新技术和新知识，小课堂结束后会议室里都是热烈的技术探讨。班组成员面对随之而来的智能变电站投产也更有底气，并能用新学到的技术圆满完成任务。

## 分析看一看

### 【学习型班组概述】

学习型班组是以培养学习型技术人才为目的，以提升班组整体技术水平为落脚点，以顺应新技术、新设备的不断生产和投运为根本，在时代技术不断革新的今天，与时俱进，把握新技术，踏踏实实做好工作的新型班组。

### 【举措分析】

小张针对班组技术水平不高、学习氛围不强的情况，通过请教专业的培训老师，得到一定的启发后主要采取了以下措施：

（1）将自己的提议先与班组技术员商量，首先确定方案有可行性，其次与全体班组成员一起商量讨论，获得全体组员的赞同。

（2）将组员按能力倾向进行分组，每组按照轮换名单每周开展“小讲堂”授课。

（3）对于实施的具体细节严格落实，实行严格的奖惩制度，提高完成任务的质量。对于小课堂的上课内容进行严格的筛选，选大家不懂不会、薄弱的知识点，力争补短板，争上游。

班组长小张的提议和实施情况都尽可能考虑现实状况，并且掌握好松紧度，激发出大家学习的积极主动性。

**【管理方案建议】**

班组长在开展“创争”活动，提高员工学习创新能力时，需注意以下要点：

（1）根据班组成员学习的需求制订“创争”学习计划及常态管理机制。例如可规定班组成员每周组织开展一次“小课堂”集中学习一次，每次 2 小时，每月组织开展一次学习交流活动，每名班组成员结合自身学习情况谈体会、感想、收获等。

（2）班组长结合班组成员学习情况，可每月开展相应的“月度学习明星”评选，做好学习与绩效相结合。

（3）开展落实过程中，保证细节实施到位。一个好的提议会在粗糙的实施过程中没落，因此在实施中需要严格把控细节。例如，争取做好每一次“小课堂”，对于上课内容、上课人员、上课时间等均严格地按计划进行。特别是上课内容的挑选一定要精心到位。

## 一起动动脑

1. 小张为改善班组学习氛围，采取了什么方案来建设学习型班组？

2. 如果你是班组长小张，一个月后，班组成员对于“小课堂”活动的参与度开始降低，你该怎么办？

## 知识链接

《国家电网公司班组建设管理标准》要求大力开展班组“创争”（创建学习型组织、争做知识型员工）活动，着力提高班组成员的学习能力、创新能力和竞争能力，增强班组的凝聚力、创造力、执行力，班组工作效率显著提高，自主管理水平明显提升。以小型、多样、新颖的班组学习活动激发员工学习兴趣，引导员工将学习与岗位创新、岗位成才相结合，实现工作学习化、学习工作化。

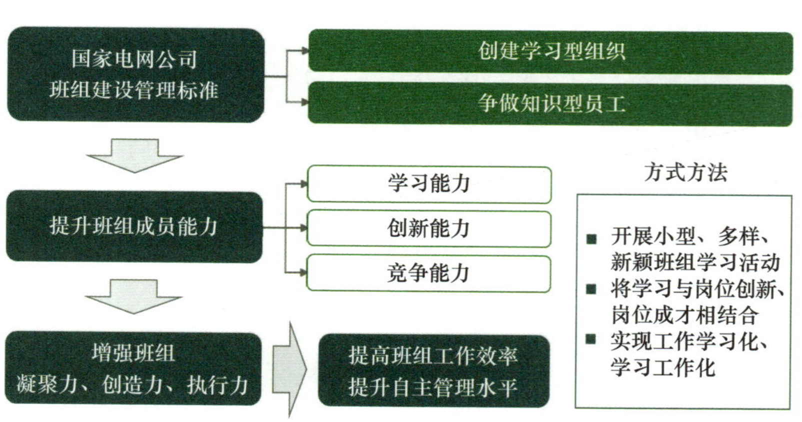

# 从小处着手，营造学习好氛围

## 写在前面的话

“创争”工作带动员工的学习热情。班组浓郁的学习气氛推动“创争”工作。

## 案例聊一聊

某供电所正在全力打造学习型班组，以“训”促“管”，为全面提高供电所员工学习文化知识、业务技能的积极性，该供电所建设有电教化室和室外配电标准化作业施训场地，并为电教化室配备了30多台电脑及投影仪。电教化室为了让各专业班组集中培训更高效，引进了装表接电及台区故障仿真操作平台。员工通过培训并根据在实际工作中遇到的故障在模拟系统中操作，便可以基本熟悉和掌握装表接电的安全注意事项及工艺要领和快速诊断排除故障的方法，让自己的工作效率得以提高。

班组成员小沈的爱好是研究设备仪器，平时在实训室的故障仿真操作平台上早已操作得滚瓜烂熟。最近，公司给供电所新购进了两套台式漏电检测仪，看着新到的漏电检测仪器小沈就跃跃欲试了，迫不及待地想把仪器的各项功能都了解清楚。班长老林见状，就和小沈一起对照操作说明书研究起来，其他班组成员看见也凑过来一起讨论，不一会看似复杂的精密仪器的各项功能便被充满激情的班组成员们一一破解了，小沈则拿起笔记本在一旁记录各个按键的功能和操作顺序，班长老林顺势对小沈说：“下周公司组织台区漏电检测仪的操作培训，你就代表我们班组去参加吧！”小沈一脸轻松地说：“好的，保证完成任务。”

培训当天，小沈带着笔记本去参加了公司组织的操作培训，在培训老师的帮助下，学会了不少小技巧和快捷键的使用，同时积极地向培训老师提问解决了自己先前遇到的困惑。培训回来后，班长老林在班务会上，让小沈把台区漏电检测仪的使用方法和技巧分享给班组的其他成员。小沈讲得简单易懂，组员们也兴致盎然。

班长老林脑子里面一直存着一张表格，班组内部谁的技能水平高，谁的理论知识丰富，谁的某项技术比较差，都记得一清二楚。关于小沈，老林清楚地知道小沈虽然理论知识和设备操作经验丰富，但是对上杆作业却存在恐惧心理，总是在有意无意间回避上杆作业。

某日，刚好轮到小沈参与一个上杆作业，小沈有意和其他组员调换工作内容，班长老林看在眼里，找来小沈谈话说：“小沈啊，这上杆作业也是我们日常工作中非常重要的一项，知道你对那些仪器设备什么的感兴趣，没事跑仿真操作平台也是练这些东西，不过咱们工作里偏科可不行，今天你也别跟小潘换了，就借着这个机会上杆练练手，咱们周末再去实训场地好好帮你克服一下上杆的恐惧。”

周末，班长老林在室外实训场地，把多年上杆作业的心得体会包括如何节省体力，有哪些安全措施等都结合实操教给了小沈。平时工作间歇也鼓励小沈多去实训场地训练自己的上杆作业能力。

过了一段时间，班长老林在班组会议上组织组员为小沈进行关于新增奖金的投票，小沈的业务技能满分，班组成员全票通过，小沈每月可以新增 200 元的技能奖金。班组成员纷纷以小沈为榜样，主动去弥补自己技能工作上的不足，使得整个班组的学习氛围越发浓厚。

长期以来，老林所在的班组着力于营造浓厚的业务技能学习氛围，把解决实际问题作为学习的切入点，分析现状，找不足，把加强团队学习和个人学习有机结合起来，通过传帮带的方式，传递压力，在班组内部形成全员学习、全方位学习的氛围，实现员工个人的自我超越。

## 分析看一看

**【创建学习型班组概述】**

创建学习型班组就是要形成“在工作中学习，在学习中工作”的良好氛围，建立以人为本、学习型生存理念，提高班组内在素质，美化外在形象，体现员工自我价值，通过创建学习型班组，形成互动共享，自主管理、团队学习的新型学习系统，使班组成为富有创造力、快速反应、团结协作、开拓进取、充满生机的学习型团队。

**【举措分析】**

班长老林对班组成员每个人掌握的技能情况一清二楚，结合在实际工作中碰到的重点、难点及易犯的错误，着力培养班组技术骨干，对班组成员因材施教，通过传帮带的方式，让员工的技术水平得到提升。主要体现在以下几点：

（1）根据组员小沈的兴趣点，班组长老林与组员小沈一起参与研究学习新设备。

（2）安排小沈参加公司的新设备培训，熟练掌握了技能后到班组内部开展培训，使得班组成员都能掌握新设备新技术的使用方法。

（3）针对小沈的技能弱项，制订专门的培训方案，亲自上阵指导。

（4）采取薪酬激励机制，根据小沈技能掌握的实际情况，直接跟奖金挂钩，提高了员工学习积极性。

班长老林的举措方案很好地结合了工作实际，既为班组培养了技术骨干，也在班组内部营造了良好的学习新业务新技能的氛围。

**【管理方案建议】**

班组长在开展“创争”活动，营造班组内学习氛围时，需要注意以下要点。

**激发员工学习兴趣**

- 班组长可以充分利用多媒体、互联网、互动式等教育方式，采取抽签考问，安全知识竞赛等形式培养员工用创新思维解决实际问题的能力，激发员工学习兴趣

**学习与岗位发展相结合**

- 班组长要多鼓励班组成员利用业余时间参加本专业更高层次知识的学习
- 关心班组成员的职业生涯发展，发掘员工潜能，并对表现优秀的员工进行重点培养

**工作学习化，学习工作化**

- 引导班组长在日常工作管理中引导班组成员梳理自觉学习、终身学习的意识
- 不断完善人才培养机制，与绩效考核相结合
- 同时结合班组事迹，将学习成果转化成工作质量，调动组员积极性
- 用所学知识指导工作，用工作质量检验学习成果

## 一起动动脑

1．案例中班长老林针对小沈的技术短板做了哪些工作？并取得了什么效果？

2．如果你是该名班组长，你会采取什么措施来推动班组成员的主动学习？

# 合理化取消电费清单

## 写在前面的话

基层班组的合理化建议充分发挥了广大员工的聪明才智，协助公司生产、管理制度的建立与完善，提高公司的实力；加强公司与基层员工的沟通，提高员工的满意度，减少员工的流失，实现公司的可持续发展。

## 案例聊一聊

增值税用户除了提供增值税发票外还要邮寄一份电费清单，而电费清单只是部分用户用来查看电费明细，且不能用作财务做账依据。而且电费清单只是用户换领增值税发票的凭据之一。除此之外，用户也可凭银行扣款凭证或凭有效证件（如税务登记证，复印件也可）换领增值税发票。电费清单的打印、梳理、寄送包括后续的 95598 工单处理占用账务班相当一部分工作量，同时寄送的成本也不菲，但相对应的工作意义却不大。

负责打印发票的班组成员小陈，常常因为打印电费清单而苦恼。电费清单不能和发票一起打印，打印出来后需要和发票一一对应，再给客户寄出。这项工作不仅耗时耗力，而且很容易出错，并且会影响寄送时间。电费清单不能出错，需要反复核对后才能给客户寄出。稍不留神弄错了一封，很可能引起客户的不满。负责 95598 工单处理的小于就经常接到电费清单的咨询和投诉工单。“小陈，户号 500****** 的客户问你，他的电费清单不对啊，他有好几个用电地址，少了一张电费清单啊。”“唉，我已经很仔细了，没想到还是漏了一张。你说这个电费清单有啥用，又不能做账，也就看一看。现在 95598 网站那么齐备，手机版也可以看，非要整个纸质的电费清单。领导也不体谅体谅我们，唉……”小陈情绪低落地说。

因为电费清单的事情，小陈经常接到客户的质询电话，碰上态度不好的，还可能接到投诉，为此小陈愁眉苦脸。某日小陈找到班组长小王反映：“班长，这个电费清单寄送真是费钱费力还没啥用，你说我们一年的寄送成本有 5 万多吧，可是这个东西客户又不能做账的，就拿来看看，但是对我们的工作却有很大影响。我每次已经很仔细、很仔细了，可还是会出错。真想向领导反映，能不能别再打这个电费清单了，可是领导怎么会听咱们的呢。”“嗯，你说的有道理，这个电费清单确实意义不大，但是打印、分发寄送却占用了我们三分之一的工作量。现在这个电费清单通过邮局平信寄送，寄送又慢，稍有不慎就会接到要求补打的电话，我看小于那里的工作量也大了不少。再者这个成本也着实很高，投入产出不成正比，确实应该取消。这样吧，咱们来试试向上面反映一下。咱们单位不是有合理化建议的征集吗？这个月的征集，你就把这个问题写出来吧。”

月底时，班长小王收集好了各班员交上来的合理化建议征集表。首先对这些征集表进行了初步筛选，剔除了已有标准流程的，不属于工作职责范围或重复的，与公司、员工无关的问题这些无效的征集表。小王将筛选后的合理化建议征集表，按照安全生产、管理提升、勤俭节约分成三类，做成合理化建议汇总表。再根据重要性和紧迫性原则，将这些合理化建议分置在四个象限，分别是重要且紧急、重要不紧急、不重要紧急、不重要不紧急。

在重要且紧急的合理化建议中，经过全体班员的共同讨论，大家一致认为，小陈所反映的电费清单问题确是当下棘手、也亟须解决的问题。因此，班长小王将小陈的合理化建议进行完善后填报了“我为企业献一策”合理化建议推荐表，提交工会部门。

经过上级部门的审核，取消电费清单的建议予以采纳，并在全市进行推广。小陈由于意见被采纳，对此小陈由衷地向领导表达了谢意。基层员工们在往后也纷纷愿意把工作中遇到的实际问题更多地表达出来，基层与管理岗位之间存在着良好的沟通，这种气氛良性循环，对工作效率的提高起到了重要的推动作用。

## 分析看一看

### 【合理化建议概述】

基层班组直接面对客户，直接参与生产活动，他们的想法和意见对于整个公司的管理和提升具有十分重要的意义。而合理化建议就是连接班组与管理层的一条纽带，实时反馈公司生产管理过程中尚需改进之处。从供电公司下发征集通知开始，班组需要根据通知要求发动班组职工填写合理化建议申报表，由班组长进行初审，通过后提交上级部门。

**【举措分析】**

面对班组成员小陈工作中遇到的问题，班组长小王主要采取了以下措施：

（1）鼓励小陈在合理化建议征集表中反映了自己的问题。

（2）将征集上来的合理化建议进行筛选分类。剔除不属于工作职责范围、重复；与公司、员工无关的问题等无效内容。效仿时间管理四象限分为重要紧急、重要不紧急、不重要不紧急、不重要紧急。选出最急需解决的班组问题。

（3）与全体班员讨论电费清单问题的紧急程度，填报合理化建议推荐表并上报上级部门。

**【管理方案建议】**

班组合理化建议的收集与筛选应做到以下几点：

1

- 成立班组合理化建议工作小组，明确负责人与责任人
- 组织安排班组成员填写合理化建议，汇总后组织专人初审，提出修改意见

2

- 确保班组合理化建议参与率达到 100%
- 引导班组成员紧密结合本班组、本岗位实际，切实把合理化建议活动落实到班组每个岗位，每个人，达到全员参加的目的

3

- 将班组合理化建议获奖情况与班组绩效考核相结合，对于被公司采纳的合理化建议进行奖励

4

- 对于公司确定实施的合理化建议，班组长要重点组织班组成员按计划实施
- 合理化建议实施后，准备资料参加公司合理化建议发布会，达到全面推广的目的

**一起动动脑**

1. 小王针对班组出现的问题采取了怎样的措施，达到了怎样的效果？

2. 如果你是班长，你会如何收集和筛选合理化建议？

# 行动起来，用 QC 解决实际难题

## 写在前面的话

QC 小组活动是班组改善工作质量提升工作效率的有效手段。通过 QC 活动员工不仅能体现自己的价值，通过 QC 解决实际工作中的难点疑点。同时在活动中能收获一份自豪与快乐。

## 案例聊一聊

随着国家电网公司的高速发展，公司越来越重视 QC 的创新及意义。QC 创新指在生产或工作岗位上从事各种劳动的职工，围绕企业的经营战略、方针目标和现场存在的问题，以改进质量、降低消耗、提高人的素质和经济效益为目的而组织起来，运用质量管理的理论和方法开展活动，旨在解决实际难题，充分发挥小组成员的积极性和创造性。

又是一年 QC 上报时，某配电运检班组的青年员工们急得团团转，因为班长老林又给他们出了个难题，让他们各自出一个 QC 活动的方案，并从中挑选出最佳方案在今年实施开展 QC 活动。

吃过午饭后，由于众人要讨论 QC 方案，原本的午休时间也泡汤了，已经是第三天，接到任务的四个年轻人（小朱、小陈、小蔡、小吴）都还没有头绪。作为班组的骨干，平时的工作对他们来说都能得心应手，但是一遇到 QC 任务就不灵了。眼看下午就是最后的期限了，他们四个人围坐在会议室，讨论该如何来完成这个艰巨的任务。

小吴性子急，最先出声："我们一线班组不就管好工作和安全就行了吗，能创新的别人早就想到了，还轮得到我们啊。"技术员小陈接着说："小吴你就别说这些没用的了，想想我们下午该怎么应付过去吧，我是想好了，实在不行就把去年的课题改一改报上去得了。"年纪最小的小蔡听得有点迷糊，问："前阵子我参加了 QC 培训，其他单位活动开展得很好，尤其是烟草系统的，他们的成果有理有据，发布声情并茂，为啥我们不能好好想个方案出来呢？"年纪最大的小朱出来解释："人家可是 QC 专业户，而且帅哥美女一箩筐，我们四个男人能表演什么，难道让我们演小品去啊！"技术员小陈也深有感触："我们系统内优秀的 QC 小组也一大把，叫哪一个小组出来都有个响亮的名字，我们连名字都还没想好呢，更别说课题了。"

就在四个小伙子唉声叹气的时候，班长老林笑着走了进来，对着小陈说："谁说我们没有名字啊，在我还是技术员的时候，我们也搞过创新活动，那时候我们就叫攀登小队，我看你们就叫攀登 QC 小组好了。"四个小伙子听闻先是一愣，随后便带着几分无奈望向老林。"取个名字也没啥用啊，我们课题都没想好，要不组长你帮我们把课题也想想好吧。"小吴率先说，刚想继续说下去却被小朱打断："我们也一直在想题目，不过配电一线就那些设备，一时半会根本想不出有哪些需要改进的点。"听完后老林语重心长地说："在你们眼中 QC 是什么？仅仅为了应付吗？我认为 QC 的源头在于实际工作中的困难与问题。去年抗洪抢险的时候，小蔡不是总冲在第一线吗？难道你没有发现我们的井盖总是被洪水冲走，影响路人和抢险人员的安全吗？小吴，上个月你还报警并最终抓到一群偷窃电缆的团伙。这些不都是问题吗？这个问题就是井盖的管理存在问题。有问题的地方就应该有 QC!”四个小伙子听到老林的话后，瞬间燃起了热情，小陈突然灵光一闪说：“我们可以改进井盖，将井盖上锁，使之不会被水冲走又能保证我们内部运行电缆的安全，同时我们可以将井盖提升工具和钥匙相结合，解决开井难题，我们攀登 QC 小组的课题就叫 10 千伏电缆加锁窨井盖的研制吧!”大家都高兴地点头，于是一个源自现场的课题就这么诞生了。

在随后的半年里，各个小组成员按照各自的分工，从锁具的设计到开锁工具的设计，从材料的选择到开孔位置的选择，小小的井盖经历 8 个项目 34 种设计方案的选择，并经过现场的安装和试运行检验，最终确定了一种适用于配电一线运维人员的方案，有效提高了安全性，解决了现场的问题。

加锁井盖是做好了，成果如何发布又难住了他们，班长老林在发布前一个月组织 QC 小组开会，他在会上说：“小伙子们，你们做得很好，加锁井盖的最终方案超出了我的预期。接下来成果的发布也很重要，将你们的活动经过与成果如实生动地表现出来，让大家都能直观理解并接受就成了，开动你们的大脑，需要你们发光发热的时候到了。”

一个月后，一场关于电缆小偷和机智电工的故事在全国“海洋王”杯赛上演，小组成员通过小品的形式向台下观众展示他们的成果，当全场为小偷用尽各种手段再也打不开井盖而开怀大笑过后，大家都记住了有这么一群人，为着自己的理想和事业在默默奋斗，而在这一刻，四个年轻的小伙子们也由衷地感受到自豪与快乐。

## 分析看一看

**【QC 活动难点概述】**

目前许多员工为找不到好的 QC 课题发愁，组建 QC 小组开展 QC 活动只是为了完成上级的任务，并未真正理解 QC 的意义。而在电力部门的生产一线班组，员工将技术和安全看得很重，QC 活动作为锦上添花的任务就显得可有可无。

在班长老林与年轻员工进行沟通的过程中我们发现，他们对于 QC 的认识还不足，未将其作为解决实际问题提升工作质量的有效工具。目前 QC 活动处于有人才、有资源，难以呈现好课题的局面。

**【举措分析】**

班长老林遇到 QC 小组成员对上报 QC 课题消极应付，存在抵触情绪的问题采取了以下措施：

（1）适时出击，报出了 QC 小组的名字，将 QC 团队建立起来，缓和现场气氛，给所有 QC 小组成员信心。

（2）提出自己对 QC 活动的认识，点明关键，QC 活动应源自于现场的问题。

（3）引导 QC 小组成员根据实际工作经历发现问题，并通过这些问题让小组成员思考解决方案。

（4）对 QC 小组的成果进行肯定，增强 QC 小组对成果发布的信心。提出自己对 QC 成果发布的认识，点明关键，QC 成果发布应如实且生动。

在班长老林的指引下，该班组通过 QC 活动研发出了具有实用性的工具，其成果发布也获得了外部的一致认可。

**【管理方案建议】**

在 QC 小组的管理上，作为班组的管理者应注意以下几点：

（1）在 QC 小组选题时，班组长应给予引导和帮助，切忌将 QC 选题当成任务一样分配给个人，QC 课题的选定是整个小组共同商议并认同的结果。

（2）当 QC 小组成员选题困难时，班组长应适时给予提示，让小组成员结合实际工作中存在的问题选择课题，并使所有成员认可，切忌代为确定选题。

（3）在 QC 小组课题选定后，QC 项目负责人应分配课题任务，根据任务分工配合，其间 QC 项目负责人应关注活动进度，解决活动困难，切忌将整个活动交由一人完成或在 QC 需要上报成果之前才开始筹备。

（4）在 QC 成果发布前，班组长及 QC 项目负责人应对 QC 成果给予肯定，并鼓励 QC 小组根据 QC 活动的实际情况准备发布，通过最生动直观的手段让所有人都能轻易理解。

（5）对于 QC 小组的评奖情况，班组长应该抱着平常心态，切忌给予 QC 小组太多压力，影响 QC 活动开展。

## 一起动动脑

1．班长老林针对QC小组态度消极无法选定课题的问题采取了什么样的措施来解决，取得了什么样的效果？

2．如果你是该名班组长，你会采取哪些其他措施来帮助QC小组更好地开展活动？

3．在你周围的班组中，QC活动的开展存在哪些问题？

## 知识链接

QC小组活动的PDCA步骤如下：

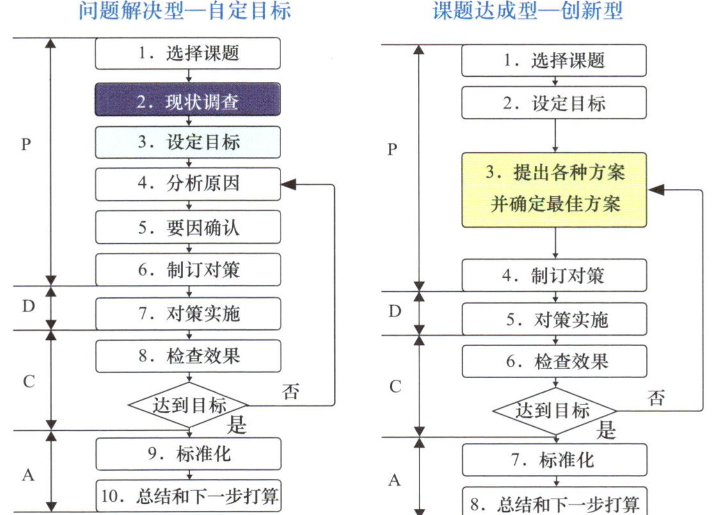

# “五小”活动，常态化助力班组创新发展

## 写在前面的话

通过积极开展小发明、小创造、小革新、小设计、小建议（简称“五小”活动），充分发挥小组成员的聪明才智，挖掘小组成员的潜能，积极解决班组在设计、工艺、生产、管理、施工中的技术难题。

## 案例聊一聊

配网设备是确保供电质量最直接和关键的环节。某区依山傍水，境内动植物资源丰富，区域内拥有 10 千伏配电线路 146 条，中压开关 645 台，其中 96 条线路穿插于山丘或林间，这给电网的安全运行带来了极大的挑战。从公司的每年故障设备统计表中可以看出由小动物引起的柱上中压开关故障率在逐年递增，严重影响配电线路故障运行率。

某天一早，某配检中心带电作业班班长小汤，刚进入主任办公室，还没有来得及汇报工作，就听到主任皱着眉头说道：“小汤你来得正好，过来看看这组数据，这下去可不得了啊。”小汤看到主任皱着眉头，心里顿时一惊，“难道我们带电班最近犯了什么错误?”当他来到主任电脑前，才大松了一口气，原来是中压柱上开关故障停运数据，根据每年的统计数据可以看出柱上中压开关故障停运次数在逐年上升，影响日益严重。对此主任说道：“小汤，你们带电

班故障抢修次数多，根据你的经验，是什么原因使得这些数据一直上升?”小汤不假思索张口便答道：“是小动物在柱上开关上频繁活动引起的。”能这么快地回答，主要还是因为这种事故现场他见过太多了，每次都会看见那些被电焦的动物尸体。主任诧异地看了小汤一眼，接着笑着开口说道：“既然你这么熟悉这事，就把这件事交给你了，一定要把故障数据降下来。”小汤听到主任这么一说，心里顿时一紧，现在正是“迎峰度夏”的关键时候，班组里早已忙得不可开交，实在是抽不出时间来解决这个事情，便想开口推脱，正欲张口时，看到主任那信任的眼神，只好把想说的话深深地咽了下去，心里想道：又要好几个晚上在办公室度过了。

回到办公室后，小汤便一个人坐在办公室的椅子上，开始思考如何解决这件“额外”增加的工作任务，正值“迎峰度夏”的关键时期，办公室里一个人都没有，没有人能够跟他讨论，只能一个人坐在办公室里独自思考。转眼间一个小时已经过去，但还是没有一个比较清晰完整的思路，突然间想起 QC 活动中的经验，大家一起讨论解决问题是那样地快速，看来“头脑风暴法”确实不错啊，小汤暗暗想道。

事实上，小汤对开展 QC 活动是非常熟悉的，他一直担任班组 QC 小组的组长，对 QC 活动的流程早已了如指掌，回到办公室时他也想过成立一个 QC 小组来解决这个问题，但现在是迎峰度夏的关键时候，根本没人能够有这个时间坐下来开展这个活动。这时小汤手机上微信消息铃声突兀地响起，他的手不自觉地向手机伸去，手正要碰到手机时突然灵光一现，没必要成立 QC 小组，当作一个日常的小发明小创造，在微信群里讨论一下不也一样吗?

想做就做，小汤将整个事情在班组微信群里做了简单介绍，并将刚才自己还不成熟的想法也讲了讲。一个小时后，大家忙完了手头的工作，群里的安静不再，讨论越发激烈，每个人都提供了自己的想法，陈亿师傅说："主要是开关裸露处小动物活动同时接触两相导致相间短路。"邹勋师傅说："如果没有裸露处就好了，小动物怎么爬都行。"徐欧珺师傅说："能不能用个罩子把裸露处给覆盖了，那不就没有裸露处了吗？"陈浩师傅说："传统的扣式硬质变压器端头防护罩不错，用它遮盖裸露处怎么样？"邹雷师傅说："那罩子不行，柱上开关种类繁多，不具备通用性，安装起来不方便。"邹小军师傅说："要不自己设计一个绝缘防护罩？最好能结合我们班组的工作特点能带电安装"……

小汤把他们的想法用一张纸一一记下，通过有效性、安全性、可实施性、经济性、通用性进行评估和权重对比，最终确定研制"开关端子自粘可调软制式绝缘防护罩"。得出这个结论，小汤长舒了一口气，在这么短的时间能有这样的结果很是不易。抬头看了看时间，发现已经将近午夜，小汤也顾不上时间晚，还是在微信群里把自己的思考结果向大家做了个简要的介绍，跟大家约好利用周末时间一起进行装置开发。周末到了，班组成员都主动放弃休息时间，一起前往电力仓库，通过现场调查各种柱上开关的尺寸，回到办公室后绘制了开关端子自粘可调软制式绝缘防护罩及绝缘七字宽口钳的 CAD 制图。经过周末两天的反复讨论和修改，终于将装置图纸基本定稿。周一一大早小汤就向主任做了详细的汇报，得到了主任的好评。汇报结束后主任拍了拍小汤的肩膀笑着说道："后续工作还需你继续跟进，生产厂家的问题你跟设备制造公司先沟通一下，生产费用上的问题我帮你解决"。

三个月后“开关端子自粘可调软制式绝缘防护罩”经过浙江省电力安全工器具质量监督检测中心的性能检测，符合安全使用规定要求。带电作业班在不停运用电设备情况下，通过“绝缘七字宽口钳”对“开关端子自粘可调软制式绝缘防护罩”安装运用，发现效果良好。证实了“开关端子自粘可调软制式绝缘防护罩”可以降低中压柱上开关故障，并达到了预期效果。同时该防护罩具有通用性，能够适用于各类型中压柱上开关。每年可避免直接经济损失632400元。减少设备故障，提高供电可靠性。提升了管理能力，减少了用户投诉，提高了优质服务水平。

## 分析看一看

### 【“五小”活动概述】

“五小”活动是班组生产实践活动的结晶，也是技术和效益的结合，劳动、智慧和科学的结合是创新创效的载体。班组开展“五小”活动始终致力于从小处着眼、从细节入手、从身边做起，结合班组自身工作特性有针对性、多形式、持续有效地开展。

**【举措分析】**

班长小汤面对所辖区域内因小动物引起柱上中压开关故障率在逐年递增情况，独自苦想解决办法而不得。后来通过开展班组微信讨论“五小”活动，解决了难题。班长小汤主要采取了以下措施：

（1）整理问题。将班组工作中遇到的问题，归类分档，收集历史数据，查找问题的症结所在，提出有效的应对措施。

（2）微信群讨论。小汤将自己之前整理的资料在班组微信群里分享，通过“头脑风暴法”，让班组成员们畅所欲言，将好的想法建议都提出来。

（3）整理班组成员想法。小汤将大家想法进行可行性评估，最终敲定研制“开关端子自粘可调软制式绝缘防护罩”，通过“绝缘七字宽口钳”带电进行安装。

（4）形成最终成果。班组长小汤将最终方案落实形成图纸，并向上汇报，进行后期跟踪研发。

后期，将绝缘7字宽口钳列入日常管理设备（设备编号JY-0099），并汇编《绝缘7字宽口钳、自粘可调软质式绝缘防护罩制作标准》《自粘可调软质式绝缘防护罩安装细则》《绝缘7字宽口钳操作规范》。

小汤的举措方案很好地集合了众人的智慧，通过深入开展“五小”活动，解决了班组当下遇到的问题。

**【管理方案建议】**

为进一步激发小组成员的创新激情和创造热情，做到班组有特色，人人有成果，提升管技创新成效。班组长在组织“五小”创新活动时需注意以下要点。

**成立“五小”创新小组**

- 明确负责人，确定人员分工
- 结合工作实际和各专业特点，紧紧围绕安全管理、生产工艺、精品创建、精优作业法、流程管理等方面，编制月度“五小”创新计划，确保时间、任务、人员、考核“四落实”

**根据实际情况调整开展方式**

- 例如遇到案例中“迎峰度夏”特殊时期，无法组织人员现场开展，可采取线上线下相结合等灵活方式，由负责人进行全面跟踪汇总，达到活动效果

**投入使用创新成果**

- 现场投入使用的“五小”创新成果，实行挂牌管理，牌板统一规格、样式，包括项目名称、完成人员、使用地点和时间等内容

**及时审核上报**

- 为确保“五小”创新成果的时效性，班组在收到申报的“五小”成果后，应及时审核上报，报公司评审委员会批准后进行奖励，并纳入班组“安全之星”竞赛评比，获奖成果的奖金按贡献大小合理分配
- 对评选出的创新性强、特点突出、推广使用价值高的原始发明“五小”创新成果，申请专利

## 一起动动脑

1．小汤针对所辖区域内因小动物引起柱上中压开关故障率在逐年递增问题采取了什么样的措施来解决，达到了什么样的效果？

2．如果你遇见工作棘手的问题，你会采取什么方式开展讨论、制定有效措施？

# 数据库管理，助力变电运维

## 写在前面的话

变电运维人员开展变电缺陷历史数据库的汇总分析，能够显著提高巡视质量，深入分析设备缺陷，提高青工技术能力。

## 案例聊一聊

变电运维人员对一、二次设备缺陷的及时处理是保证电网正常运行不可或缺的一环。设备的运维管理水平高低直接关系到能否为广大用电客户提供优质放心的供电服务。数据库的建立可针对电网运行维护管理困难重重等问题进行数字化和精益化管理，加强科学管控，夯实电网基础。

2016 年的一天，运维班值班员接到县调通知 ×× 变电站 2 号电容器组控制回路断线。县调通知运维人员来现场查看，运维人员到现场后发现信号无法复归，2 号电容器组操作电源开关合不上，运维班成员小曹通知变电检修人员马上到现场检查处理。小曹刚刚参加工作不满一年，在现场检查信号的时候，对控制回路整体还不够了解，头一回遇到这样的情况，在处理和汇报时捉襟见肘，不知道从何处入手。检修一次班、二次班到现场后，班员们非常默契地说了一句："估计又是那个情况。"而后熟练地分别对一次设备和保护装置展开排查。经检查，2 号电容器组开关合闸线圈烧毁，导致的控制回路断线。在检修人员更换合闸线圈时，运维班的老师傅对小曹说："这种情况在 ×× 变电站每年都会发生，通过这样的信号我们基本上可以推测出故障的部位了。”小曹心里有些疑惑也有些憋闷，感觉自己对工作的了解还是太浅、太过欠缺。

检修工作结束返回单位后，小曹花了不少时间翻查了以前的工作票以及各种台账记录，终于在 2015 年、2013 年、2010 年的缺陷记录和一大摞工作票存档里发现 ×× 变电站的合闸线圈烧毁同类问题确实发生过数次。小曹找到检修二次班詹班长反映了这个情况，想针对这个问题做一个专题分析与梳理，没想到与詹班长的想法不谋而合。于是当天下午詹班长就组织了青工会议。

在会议中，詹班长将自己的想法提出，在现行缺陷录入方式的基础上，构建一个设备历史缺陷数据库，以本次缺陷发生时的事件信息、报警信号及缺陷排查处理等具体流程为重点，将多年来与本次缺陷相关的变电运维与检修两方面资料综合起来，加以分析讨论学习，加强青年员工们对变电设备的熟悉程度和增强青年员工的消缺处理技能。小组成员热烈讨论，觉得事有可为。最终商议决定：小吴负责检修班资料整理，小曹负责运维班资料整理，小郭负责设备历史缺陷数据库模板的建立，最终由小罗负责整体资料整合，詹班长为全过程的技术指导和负责人。

经过几天的收集、整合与完善，青年员工对合闸线圈烧毁这一缺陷，无论是信号处理分析能力，还是缺陷排查和处理能力都有了极大的提升，而设备历史数据库也形成了初步的结构。于是詹班长再次召集青工，对汇总的 ×× 变电站 10 千伏开关合闸线圈烧毁这一缺陷的全部数据资料、现场情况、处理内容流程进行学习讨论分析，大家发现：①缺陷发生时的信号和发生后的现场设备情况基本一致；②排查过程与缺陷处理过程基本为同一模式；③同类问题的发生频率较其他变电所确实远远高出，可推出为 ×× 变电站 10 千伏开关设备常发缺陷，应有引起该缺陷的深层次原因。

根据这次讨论的结果，大家重新对 ×× 变电站的一、二次设备进行了仔细检查和反复推敲，最终确定了这个缺陷的发生原因：由于制作工艺的问题，在合闸线圈通电后，由于机构存在死区，连杆顶不开连片，导致储能机构无法正常工作，合闸回路持续通电，最终烧毁合闸线圈。经分析应为该型开关的家族缺陷，大家将此情况及时上报并在运行中加以关注。

在当次变检中心月例会上，詹班长将设备历史缺陷数据库的事情一说，引起了老师傅们的极大反响，变电运维班值长陈师傅说："除了本次缺陷外，某些故障发生的频次很低，几年甚至十几年才能碰到一次，遇到这样的故障或者缺陷，运维人员相对陌生，检修工作同样不容易有效开展，有了这个数据库，我们就将这些少见的缺陷完整记录下来，以后的处理就能方便很多了。""以前带徒弟，碰到一个缺陷教一个缺陷，进度总觉得太慢，虽然课本上全，但是和我们自己的变电站联系结合的没有这么紧密，这个数据库将以往处理了的缺陷记录下来，拿着这个教徒弟肯定快得多。"一次班梅班长如实说道。青年员工们听到老师傅们的话，大受启发，觉得这个数据库除了合闸线圈烧毁缺陷的内容外，还能够扩展到更多方面，如偶发性异常、缺陷和事故的记录与处理，青工培训与提升，等等。于是在散会之后又投入到新一轮的收集整理中去。

## 分析看一看

**【变电缺陷历史数据库概述】**

设备历史缺陷处理数据库是依托软件技术将以往分散多处、时间跨度长的资料及信息统合化一，结合工作中的实际经验，以及变电运维与变电检修专业知识形成的大数据资料动态集合。

其优势在于：

（1）通过数据库的形式，能够将异常、缺陷甚至事故数据以独立形式提炼出来，形成切合本部门实际工作的参照，跳出传统工作票保存（安规要求一年），台账记录的模式，解决时间长久导致资料缺失的问题。同时因其独立性，为查阅提供了便利。本数据库的资料采集侧重故障信息、处理方法的录入。除以实际情况作为主体外，还能够将老师傅在实际工作中最为宝贵的经验转化为知识。

（2）数据库的建立，能够发现外部环境资料与缺陷之间的联系，能够反映季节性的缺陷问题，如极端环境造成的设备缺陷，提早预防并及时处理；如黄村变电站、峰源变电站、大港头变电站在雷雨天气中，温度变送器受雷电波侵入、电压抬升易受损坏；能够清晰反映家族性缺陷，对同类问题的发现提供依据，为同类问题的处理提供预案，如本次 ×× 变电站的家族缺陷；能够直接体现实际工作中特殊的情况，如大港头变电站 35 千伏母线压变单相熔丝熔断的现象异于书本上写的故障相电压为零，其他两相抬升至线电压的情况，实际情况是故障相单相电压降至 19 千伏。

（3）数据库的资料收集达到一定程度，在青年员工培训方面，能够起到巨大的作用，通过对具体问题的详细学习，帮助青年员工将课本中的知识与实际工作结合起来，能够有效缩短培训花费的时间，显著提升青年员工的能力。

（4）指导变电运维人员熟悉设备运行状况，加强巡视关注，防患于未然。

**【举措分析】**

班长小詹在遇到青工对工作中产生的疑问，联系班组青工较多的实际，通过创新的模式，引入大数据概念，提出本次想法。采取的措施如下：

（1）善于观察、聆听班组成员在实际工作中产生的疑问，结合自己的想法，参考先进技术，对实际问题进行分析。

（2）组织召开青工会议，合理分工，发挥班组成员个人所长，借助青工团队的力量，高效优质完成数据库的初步构建。

（3）完成初步构建与数据分析后，返回实际现场，重新审视问题，破开问题的表面，发现更深层次的原因。

（4）通过各种渠道（月例会），得到不同层面的反馈，及时采纳新的意见，加以完善，并增加到创新的内容中去。

最后，在大家通力合作下，完成并完善了设备历史缺陷处理数据库的建立，为今后实际工作提供了巨大的便利。

**【管理方案建议】**

班组长在带领班组解决班组管理中实际问题，提出创新成果时需注意以下要点：

（1）创新成果可分为专业性管理创新成果和单项性管理创新成果。班组可以针对某一专业或层次的管理领域编写专业性管理创新成果，也可以针对某一特定的管理范围或管理要素编写单项性管理创新成果。

（2）创新成果需要对班组管理工作有创造性的改进、改革，能解决班组管理中的实际问题。

（3）班组管理创新成果需经过系统化的实践证明，有明显效果和作用后才可以加以推广。

## 一起动动脑

1. 詹班长在听到班组成员的烦恼后是怎么做的？如果是你，你会怎么做？

2. 对于设备历史缺陷数据库的应用与未来发展，你有哪些更好的展望与建议？

## 小贴士

**大数据概念**

- **无法在一定时间范围内用常规软件工具进行捕捉、管理和处理的数据集合，是需要新处理模式才能具有更强的决策力、洞察发现力和流程优化能力的海量、高增长率和多样化的信息资产**

决策力　洞察发现力　流程优化　高增长率　多样化

Part 2

# 班组民主建设管理篇

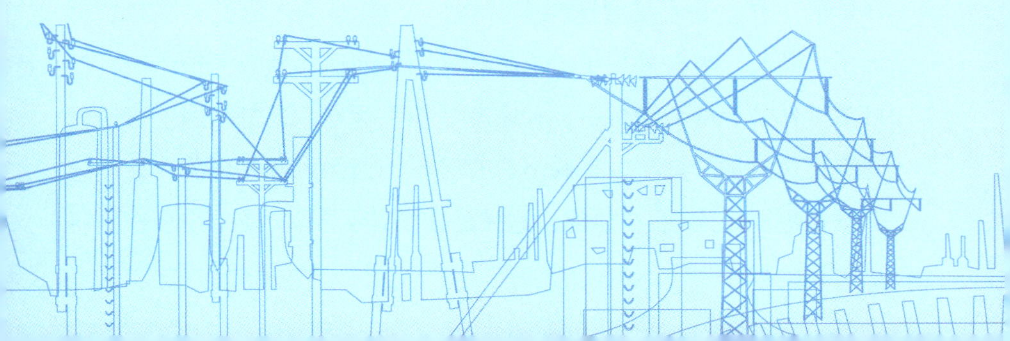

# 民主生活接地气，开诚布公促团结

## 写在前面的话

班组民主生活会是实现班组民主管理的一种形式，是员工参与班组建设、监督班组管理的重要途径。

## 案例聊一聊

一线生产班组中“工时积分制”绩效考核办法的实施，为工作项目、作业时间、角色系数、工作难度等提供了一系列考核标准，使得一线员工日常工作考核与奖金分配挂钩，多劳多得，也有章可循，切实激发了班组员工的工作热情，充分发挥了绩效管理“指挥棒”的作用。但是考核办法总有未尽之处，对一些特殊工作及灵活的非生产任务难以设定硬性标准，员工们对此存在异议却也难以公正公平地解决，导致在“工时积分制”的推行过程中，多多少少会出现一些问题。

每月月初，是计算和统计上个月员工绩效的日子，也是班长老饶最头疼的时候。这不，班组绩效管理员小董又来“催账”了：“班长，上个月绩效管理分怎么加？还有，小李他们几个上个月有状态评价的工作，是不是要适当多给点？”一听这话，班长老饶脑袋都大了。其实，现在采用了“工时积分制”的这套绩效考核系统，把日常工作量算得清清楚楚，大家都是拍手称好，但是一遇上班组管理等工作的加分分配，私底下总有些不和谐的声音在里头，让他这个班长也很是为难。“师傅，这又是在愁什么呢？”徒弟小李看到饶班长正拿着笔对着什么敲敲点点的。“还不是为绩效的管理加分的事吗?”“其实这个加分多少，大家有时候有点小意见主要还是因为并不清楚其他人做了什么。”小李走到饶班长身边看了看饶班长列在纸上的一条条工作，就把自己的一点看法跟师傅聊了两句。饶班长一听，忽然意识到问题出在哪儿了。“小李，帮忙在微信群里通知下，明天早上9点咱开个民主生活会。”饶班长把上个月的非生产性工作和参与人员名单列在纸上，然后把他建议的加分分数写在了后面。然后又嘱咐绩效管理员小董把算好的上个月日常工时汇总统计表打印出来。

第二天早上，大家准时聚集在会议室。“民主生活会？这又是要做什么?”班员们疑惑地问道。“之前老说民主、民主的，咱们就把这民主生活会好好地开起来，把班里的事情都放到大家面前一起聊。”饶班长笑着解释道，“今天的民主生活会主要就是想把上个月的绩效给你们看看，有异议或是有问题的直接提出来会上讨论。”

饶班长和绩效管理员小董把上个月的日常工时积分情况、班组管理工作及参与的成员、建议的加分向大家进行了一一介绍。“上月底，小田也参与了仪器室的整理，是不是给他再加一点分？”“18 号我去公司开会，这项分数漏掉了。”听了之后，大家纷纷讨论起来，饶班长对大家说的情况了解清楚后一一做了记录。

“那么，这次的绩效考核分数就按这样上报了。稍后我会在微信群公示，还有问题的在工区绩效会议之前大家都可以提出来。”征求大家的意见进行补充和修改以后，饶班长宣布道。

“民主生活会的形式我们会继续延续下去，每月初召开一次，除了绩效以外，班组里其他重要的事情或者工作上有问题的都可以在民主生活会上提出来，大家一起讨论解决。通过这个民主生活会，把工作安排、人员分工、班组经费开支等这些所有事情都公开化，所有人都可以发表意见，积极参与讨论。”饶班长又说道。

有效地利用民主生活会的方式，解决了饶班长一直以来头疼的问题，每个月的绩效考核分数和最终的奖金分配班组成员们都能一清二楚，明明白白，班组成员之间也更为团结和睦了。民主生活会让班组长更详细地了解了班组成员的想法，也提供了班组成员们参与班组管理的有效途径。随着一次次民主生活会的召开，班组工作逐步完善，试验班渐渐成长为一支更为友爱、和谐的团队，工作中出色的表现和成绩也让众人称赞不已。

## 分析看一看

**【民主生活会概述】**

班组民主生活会是促进班组民主建设的一种方式。民主生活会由民主管理员主持，会议内容主要是贯彻落实公司各项决议中涉及本班组的有关事宜，制订和讨论班组巩固计划，工作方案，提出落实的具体措施，讨论班组收入分配办法和有关员工生活福利事项，开展合理化建议活动，开展谈心活动，开展互济活动，帮助组员解决生活中的后顾之忧。

通过民主生活会，可在班组成员之间开展批评与自我批评、对班组成员进行教育，同时也是班组成员监督班组管理的有效途径。增强班组成员之间的沟通，化解矛盾；促进班组成员参与班组管理，促进班组事务的公开，提高班组建设的工作质量。

**【举措分析】**

在与员工利益密切相关的绩效考核管理中，暴露出了绩效分配不被理解、班组长与班组成员、班组成员与班组成员之间存在沟通不畅的问题。在发现这样的问题后，班长老饶在班组成员和徒弟的提醒下采取了以下措施去解决：

（1）饶班长与绩效管理员小董事先沟通，根据上月工作情况，列出初步的加分分配建议。

（2）召开民主生活会，将上月绩效考核情况进行说明和解释，提出自己和绩效管理员的见解，再由大家畅所欲言，有异议之处通过详细了解，进行调整，最终商定上报的绩效考核分数。

（3）将民主生活会作为班组民主管理的主要方式，确定每月召开一次，将班组事务、工作安排、绩效考核等在会中公开讨论，确保所有班组成员知晓。

饶班长采取的召开民主生活会的方式，使得班务公开、班组成员能够参与进来，不但解决了当下绩效考核过程中存在的矛盾，更是为班组日常事务的顺利圆满开展提供了便利途径。

**【管理方案建议】**

开好民主生活会，就是倡导班组民主管理，避免班组长“一言堂”的工作方式，消除班务工作垄断，有利于化解班组成员与班组长之间的矛盾，增强团队凝聚力。在实施中还应注意以下几点：

（1）会前，班组长应先与班组“五大员”碰头，做好充足准备，并公开本次民主生活会上的议题，让人人都明明白白、有准备的参会，让民主生活会有实质性的内容。

（2）议题可以包括工作安排、奖金分配、班组日常经费开支等，但应不拘于此，一些微小的事情，只要是与职工日常工作、生活等切身利益息息相关的事情，都可以在会上谈出来、指出来，切实地发挥民主生活会的作用。

（3）会上，应避免“一人发言，众人听之”的呆板形式。应当针对议题，边说边议，引导员工自主发言、关注，养成积极主动交流的意识和习惯，让会议达到民主参与解决问题的目的，有深度，又活跃。

（4）有效地结合班务公开和民主生活会，把班组工作充分的公开化、透明化，让班组每个成员都能充分地了解班务，更好地为班组管理工作建言献策。

## 一起动动脑

1. 饶班长针对该试验班在绩效考核办法推行中出现的问题，采取了什么措施解决？达到了什么样的效果？

2. 此措施还可以解决班组建设过程中什么样的问题？

## 知识链接

民主生活会

民主生活会一般是指党的民主生活会制度，是党员在党组织内部以交流思想、开展批评与自我批评为主要形式的组织活动制度

1942 开始延安整风运动，积极倡导并践行批评和自我批评的党内民主生活方式，开始了民主生活会的雏形

1980 党的十一届五中全会上通过了《关于党内政治生活的若干准则》，民主生活会成为党内民主生活的一项重要制度安排

现在 党内民主生活会主题更加集中，批评和自我批评更加到位，会前谈心交心和广泛征求意见更加制度化，会后的情况通报、满意度测评等，进一步完善和发展了民主生活会制度

- **参照党的民主生活会，也顺势产生了员工参与民主管理的方式，在《国网浙江省电力公司班组建设管理办法》也明确将民主管理列入班组建设工作中**

# 全流程公开，集体凝聚力无穷

## 写在前面的话

班务公开是班组民主管理不可或缺的一部分，只有从最初的规则制定，到方案的执行，再到最终的结果公示做到全流程性公开，才能最大限度增强广大班组成员的归属感，带动整个班组稳步前进。

## 案例聊一聊

随着“互联网＋”时代到来，供电企业也不断利用互联网的平台、信息通信技术把互联网和电力行业结合起来，开发出了掌上电力 App、电 e 宝平台，推出微信公众号，取消纸质账单鼓励用户通过各种线上方式订阅电子账单。但这一系列的电子渠道要落地，最终要通过一线员工，特别是抄表催费人员，挨家挨户地上门推广来实现。2017 年年初电子渠道推广的指标刚一下达，抄表催费班的班员们就叫苦不迭，认为工作量增加了，而且没有意义。指标就在那儿，班员们却迟迟没有行动。

某抄表班新上任的班长小赵对此也焦虑不已：照理说，如果电子渠道推广好，用户每月可以自行查电费账单、自行交费，对电费工作是有好处的，为什么一个月快过去了，大家都迟迟不愿意去推广呢？心急如焚的小赵急匆匆地找到了老班长顾班长进行咨询，顾班长听了缘由以后意味深长的一笑，问道：“你觉得推广电子渠道有好处，不推广会被考核，那首先你有没有对大家公开说明电子渠道一系列的背景、用处、考核办法、推广方式呢？”听了老班长的这些话，小赵感到醍醐灌顶，对啊，自己一直都觉得只要把指标是多少和没达到指标要被扣多少分告诉班员就好了，根本忘记了班员才是集体的主人公，换位思考一下，如果自己对一件工作的前因后果一知半解，只知道是一件麻烦的事，肯定也会对这件工作产生抵触情绪的呀。

想通了的小赵立即准备好关于电子渠道推广的相关资料，通知所有抄表催费人员：周三下午 2 点召开一次班务会。班务会当天，小赵先说明了班务会召开原因：“最近大家都知道，我们多了一个电子渠道推广的指标，而且这个指标和每个人的绩效奖金挂钩，那么我们到底为什么要进行这个推广呢？今天，我们主要有四大块内容：①我们企业面临的‘互联网 +’形势；②电子渠道对我们工作的实际意义；③讨论下大家觉得这次指标制定有什么不合理的地方；④大家一起探讨下我们要怎么做才能推广得又快又好。”听了这话大家纷纷点头，有的说“班长我们也不是不愿意干，也就是想知道为什么要这么做。”有的说“确实对推广这件事情有点两眼一抹黑，不知道怎么开始做。”小赵微笑道：“我们今天的班务会，就是专门为了解决这些事情的。”

经过一下午的探讨，班员们终于完全理解了本次工作的意义所在，在思想上不再抵触，而且清楚了指标具体其实是电子订阅率达到 85%，或者每月提高 2%，如果没达到 85% 也没提高 2%，绩效要被扣 2 分，对应的绩效奖金就会扣 200 元左右，而且没达到指标，整个班组绩效也会被扣。同时大家提出，应该从营销系统导出未订阅电子账单的户号和联系方式，挨家挨户上门推广，并且还是从较新的小区入手比较好，因为普遍新小区的居民比较年轻化，对 App

的接受程度比较高，而且基础信息比较完善。会议结束后，小赵将班务会上讨论的内容和用到的资料整理妥当，张贴到班组内的班务公开栏上供班员们翻阅，同时记录进班务记录本作为班务公开台账。自此开始，工作有了一个好的开端。

 1. 岗位晋级
 2. 绩效考核
 3. 评优选优
 4. 三不指定
 5. 月度工作总结
 6. 班组班务公示其他文件

班组班务台账文件夹

工作开始之后不久小赵又有了新的想法：光是开端还不够，班务公开需要贯串整个工作流程，才能更好地调动班员们的工作积极性。于是每周五下班前，小赵都会将每名班组成员渠道推广的数量在班务公开栏上和班组微信群内进行公示；每月绩效考核前，也会将绩效考核结果进行公示，如果班员们对公布的数据存在异议，都可以及时向小赵反馈。

同时小赵还想到，要推广电子渠道，班员们首先得自己学会渠道操作。于是利用某供电公司开发的三基工程系统，小赵将“电子渠道操作技能”列为抄表班班组成员应掌握的一项基本技能，每位班组成员只有通过了技能测试才能在技能表中点赞，技能表则通过班组门口的三基工程显示器进行播报，这也极大地增强了班员们学习新技能的积极性。

自从开展一系列的班务公开行动以来，班组成员都不再抱怨工作任务难完成，每天上班后还会互相问一句“你推广了多少户了?”看着每周指标渐渐往上涨，大家你追我赶，更有了完成工作的信心。

## 分析看一看

**【班务公开概述】**

班务公开指坚持公平、公正、公开原则，实现工作任务、出勤情况、奖金考核、先进评比等内容的多形式化公开，消除职工存有不公正的疑虑，进一步激发广大员工的工作热情和奋发向上的积极性，营造出一个和谐的班组内部环境的方式。

**【举措分析】**

班长小赵遇到新工作任务繁重，班内推行困难，班组成员们执行力不强的情况，感到心急如焚。在老班长的指点下恍然大悟，采取了以下措施。

（1）召开班务会议。整理关于电子渠道推广的各种资料，在会议上向班员们详细解释工作任务的背景和指标制度，探讨如何同心协力完成该项工作任务。

（2）班务上墙公示。将班务会上探讨的内容形成结果性资料，张贴到班务公开栏上供班员们翻阅学习，同时记录进班务记录本作为班务公开台账，以便查阅。

（3）工作过程公开。任务执行过程中，每一阶段都对各班员工作进度通过班务公开栏和微信群的形式进行公示，使数据人人可见。

（4）绩效考核透明。在每月绩效考核时将班员们的绩效考核分数与工作任务完成情况挂钩进行公示，并采用信息反馈制度，班员们有异议的也可以在一定时间内向班组长反馈。

（5）技能情况公布。利用三基系统，将工作任务对应技能掌握情况进行班员对比，促进班组学习和整体提高。

小赵的这套班务公开制度，不单是结果性公开，而是从工作任务下达开始，全流程的公开，同时采用反馈机制加深班组交流，发挥班员集体智慧，增强班组凝聚力，调动班员们积极性，解决了当下工作任务难开展的状况。

**【管理方案建议】**

班务公开的必要性毋庸置疑，在进行班务公开时应注意以下要点：

（1）全面理解，及时交流。班务公开的前提是班组长本身对班务有深入理解，可以和班员们及时交流感想，解答疑虑。

（2）全程公开，考核透明。班务公开不应只是结果的公开，更重要的是从班务建立起就让班员们共同参与，与个人利益切身相关的内容更应该透明考核听取反馈，加强集体的认同感和凝聚力。

（3）形式多样，内容丰富。班务公开的形式不仅局限于召开班组会议和班务公告栏公示，还可以采用组建班组微信群、利用三基工程显示屏等其他多样化的公开形式，让班员全方位了解班组内务，树立主人公形象。

## 一起动动脑

1. 小赵采用了哪些措施进行班务公开，达到了让班组成员积极开展工作任务的目的？

2. 如果你是班组长，你认为哪些事物必须在班务公开的范畴内？

## 小贴士

**根据《国网浙江省电力公司班组建设标准》，班务公开应包括以下几点：**

- 绩效考核、奖金分配
- 工作任务
- 评先选优、岗位晋级

# 互联网+，建言献策新渠道

## 写在前面的话

在自媒体时代，社交媒体不仅可以成为班组员工获取信息、学习知识的工具，也可以成为大家建言献策的渠道。

## 案例聊一聊

随着手机功能的提升和自媒体的兴起，微信、qq、贴吧等社交应用软件成为大众发布信息和发泄情绪的通道。由于公司内部缺乏健全的建言献策渠道，一定程度上影响了员工表达自己想法和建议，从而对员工造成一定的负面影响。

近期，某班长发现班组员工经常在公司群中发一些牢骚，发泄一些负能量的信息。班长问道："小王，你怎么又在群里发这些东西呀？"小王回答："上个星期发生了那么多事情，跟你说了你又不相信，我只好去群里吆喝了！"无独有偶，另一班组也碰到了这类事情，员工小李在朋友圈晒高空作业时的工作现场照片，并抱怨工作强度大。"小李，高空作业怎么不专心，还发朋友圈呢？""班长，工作强度太大了，我发发朋友圈放松一下，可不影响工作。"班长一时不知如何反驳，这种既违反安全规程又影响公司形象的行为在班长心里敲响了警钟。

中层干部会议上，纪委书记和安监部主任对以上两件事情提出了严厉的批评，要求当事人所在的班组对事情进行展开调查，并将基层员工情绪管控和思想管控提上了重要议程。

小李和小王所在班组的班组长先碰了个头，对两位班员发微信前的情况摸了一下底，并进行了分析。

小王——因工作中与兄弟部门衔接不畅，提出新的解决方法得不到兄弟部门的认可，而与班长沟通效果也不好，一怒之下直接将牢骚发至公司群组。

小李——因天气炎热，对高空作业的安全性有所担忧，向班长提出过一些作业安全建议，但是因为可操作性不确定，班组长对其想法并不认可，因此想通过网络抒发一下内心的不快。

分析后发现，两位班长发现两件事有一定的共同点：

（1）员工未将班组长当作情绪的第一倾听者和帮助其解决难题的解决者；

（2）基层员工建言献策的途径有限；

（3）社交媒体作为如今员工表达、传播观点的主要媒介，没有得到有效利用，致使对班组员工情绪管理及疏导不到位。

各班组、部门、党支部也开展了相关情况的分析讨论会，总结出如下两点：一是针对员工习惯以自媒体表达想法的特点，建立部门微信群。公司各部门、各党支部均建立微信群，所有员工分片加入，做到了无错漏、全覆盖，进一步扩宽了班组建言献策渠道，方便部门内员工对公司的管理和操作规范上提出自己的建议，也方便管理者及时了解和分析员工思想动态，及时发现问题、解决问题。二是利用社交媒体的互动性强，开展"有话好好说"活动。参与方式主要通过社交媒体进行互动，引导员工通过班组、部门微信群畅谈工作感想、发表对工作的意见和看法。各班组负责人即为班组微信群管理人，汇总和提炼相关内容后上报相关部门，并在群中进行反馈，使班组所有成员的建议都能得到充分的倾听，也鼓励员工们积极建言献策，为班组管理出一份力。

两项措施落实后，员工们时常在微信群中对班组的日常管理工作建言献策，取得了不错的效果。

## 分析看一看

**【建言献策概述】**

建言献策是陈述自己的主张或意见，通过口头或文章提出有益的意见，出谋划策，进献计策。它可以是大的方针政策性的建议，也可以是具体一件事，具有社会效益性、改革性、影响性。

**【举措分析】**

该公司两个班组均发生员工因没有建言献策的渠道通过自媒体传播负面信息、负面情绪的情况，针对性采取了以下措施：

（1）组长开展事前事后调查，经综合分析找出共同点，明确事件的发生归根结底是因为员工建言献策和诉求提出渠道不畅。

（2）对员工习惯通过社交媒体表达自己想法的特点，各班组、部门、党支部开展广泛全面的调查分析，集思广益得出解决问题的方法，具有广泛的可行性、可操作性。

（3）对社交媒体的特性，所有部门均建立微信群，将所有员工分片纳入部门微信群中，方便员工与员工、员工与管理者及时沟通、建言献策，既可发现问题、解决问题，也开辟了发掘和汇聚群众智慧的新渠道。

（4）组织“有话好好说”活动，引导员工通过班组、部门微信群畅谈工作感想、生活情绪，逐步使员工习惯将班组、部门微信群成为直述心声的首选途径。

**【管理方案建议】**

建言献策就是提建议、出主意、想对策来帮助解决问题，是员工参与企业管理的重要途径之一，但在实施过程中需要注意以下要点：

（1）建言献策是一项长期性、日常性的工作，不宜以突击、任务的形式进行。

（2）建言献策必须让员工得到及时的反馈，石沉大海会消磨员工积极性和参与热情，甚至会向负面情绪转化。

（3）建言献策的方式方法并不是一成不变的，而是可以根据时代的进步，及时调整以适应时代，其他工作也是如此。

（4）建言献策的渠道一定要通畅，操作一定要方便，人员涉及面一定要广，这样才能起到集思广益的成效。

## 一起动动脑

1. 从班组到部门到全公司，将小问题扩展到如此高度，是否有小题大做的感觉？

2. 针对建言献策，你有什么新的想法？

## 小贴士

**班组民主管理制度**

| | | |
|---|---|---|
| ■ 班组需建立民主管理小组或民主管理委员会<br>■ 实行“由职工直接参加”的民主管理制度<br>■ 发挥全体职工民主参与、民主监督作用 | ■ 班组职工民主管理会由工会小组长主持，班组全员参加，对班组权限范围内有关事项进行审议、通过或决定 | ■ 班组管理实行“班务公开”制度 |
| ■ 班组民管会每月召开一次，每次会议必须由班组五分之四以上职工参加<br>■ 讨论决定的事项由班组全体职工半数以上同意 | ■ 实行民主集中制，班组长要执行班组民管会在其职权范围内做出的决定<br>■ 班组长对民管会的决定有不同意见时，可提请民管会复议，如复议后意见仍不一致，应向车间党、政工组织报告，请上级协调解决 | ■ 班组民管会在其职权范围内讨论决定的事项变更，必须经班组民管会再次讨论同意 |
| ■ 班组民管会要维护班组长行使组织生产和行政管理上的职权，强化班组管理<br>■ 班组长要保证班组民管会行使民主权利 | | ■ 为班组开展民主管理活动创造条件<br>■ 班组工管员是班组民主管理的骨干<br>■ 协助班组长抓好各项管理，同时积极搞好班组民主管理工作 |

Part 3

# 班组文化建设管理篇

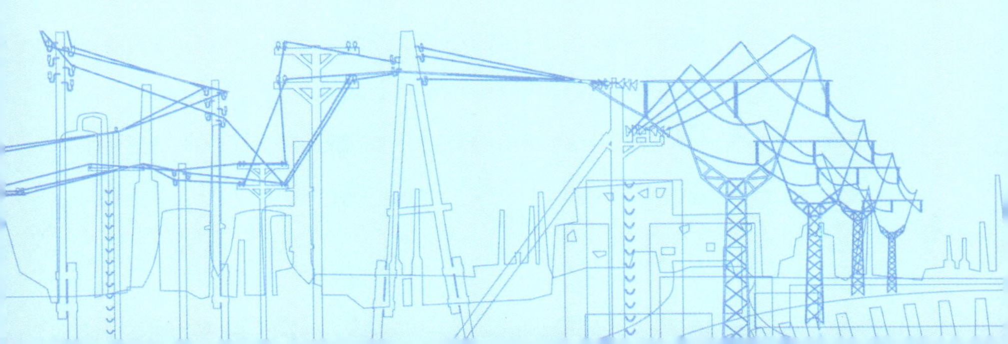

# 绘愿景、接地气，以理念引领脚步

## 写在前面的话

班组理念是班组各项工作的管理思想和指导原则，是所有班组成员的努力方向和行为准则。树立正确的班组理念，能够引导班组员工共同达成班组目标。

## 案例聊一聊

某市供电公司配电运检室配电自动化班是省内首个配电自动化专业化班组，对创立了集配电自动化主站、终端的建设、运维和检修工作于一个班组的一体化管理和作业模式来说至关重要。前不久，由于该公司内部机构优化调整，班组划转至新成立的供电服务指挥中心，班组人数由原来的 14 人减少到 7 人，班组的定位、职责、工作流程和人员分工面临着较大幅度的调整。

机构优化调整后，配电自动化班曹班长立即召开班组会议，向全体班组员工传达了本次机构调整的情况、班组内外环境的变化以及对班组员工的新要求，同时布置了近期的具体工作任务。但很快，曹班长发现班组员工在思想上，对班组面临的新形势没有引起足够的重视，在行动上更是丝毫没有改变过去的工作习惯和工作方式，这使曹班长的工作压力越积越大，工作无法向下传递，班组工作任务无法保质保量完成。忧心忡忡的曹班长多次与员工谈话，依然不见起色。

曹班长在一次会议中遇到市公司人力资源部的黄老师，在会议间隙，曹班长与黄老师聊起自己的工作近况，向黄老师大倒苦水：

“我能力有限，这支队伍真是带不动了，每一项工作必须我给他们交代好具体的方案，否则就会出现失误，再这样下去，我坚持不了多久就会累倒的。”黄老师在了解配电自动化班的近况后，建议道：“你们班里都是年轻人，对工作调整缺乏经验，一时间无所适从也是正常的。”“年轻人不是应该有很强的适应能力吗？”曹班长急切地问。“但是现在他们没有主动去适应新的环境，可能是缺乏正确的理念来引导他们。”黄老师思索着。“对呀，班组理念！”曹班长恍然大悟，心里的一块大石头仿佛变轻了。

会议结束后，曹班长立刻赶回单位，仔细梳理了近期的工作资料，并结合班组定位和团队情况，拟定了“融入大局，知行合一，用技术更好地服务客户”这一班组理念。

第二天一早，曹班长利用班前会，向全体班员提出了自己昨日拟订的班组理念，并详细解读。“融入大局，就是要秉持开放心态、空杯心态，把班组各项工作摆在供电服务指挥中心这一新部门的格局当中，积极了解新部门对班组的需求。”“‘知’就是明得失、观大局，‘行’就是重执行、抓落实。当前正值机构调整的关键时期，需要全体班组员工知行合一，主动作为，推动工作爬坡过坎、不断突破。”“供电服务指挥中心是以市场为导向，以客户为中心，适应配电网运维和电力营销新型业务不断拓展，优化服务组织架构和专业协同流程而组建的全新机构，作为一个技术性、专业化班组，我们更要以自己的技术专长，服务整个部门的中心工作，以提升公司供电服务水平为出发点和落脚点，推进全市配电自动化建设和运维工作，提升配网智能化水平，让技术更好地服务客户。”

曹班长的解读掷地有声，班组员工听得全神贯注，听后豁然开朗。这一全面、深刻的班组理念，为每一位班组成员剖析了当前班组面临的形势任务，描绘了班组和个人发展的蓝图，指明了工作的目标和方向，并提供了具体的行动指南。几位班组成员也纷纷对此发表自己的看法。

“我们是一个兼具管理职能和生产任务的班组，我觉得我们应该主动跟变电检修室、调控中心等单位沟通协调，提前安排好变电站对点计划。”班组员工小孙发言。“配电站所对点确实应该建立起规范的流程，减少盲目、重复跑现场的无序现象。”班组员工小宋有感而发。“无论是部门还是我们班组，人员都大幅精简了，我们每个人都要承担更多的职责。”班组员工小张也提出了自己的认识。

曹班长对班前会的宣贯能得到这么理想的效果心中十分惊喜。“听了你们的发言，我感到很欣慰。你们在‘知’的层面有了提升，下一步就是‘行’，落实到行动上。”曹班长接着明确了每位班组员工的分工，并布置了工作任务。

一个星期后，曹班长的愁容终于烟消云散了。每位班组员工各司其职、分工协作，不仅完成了曹班长指定的具体任务，还能主动思考、主动与对口部门、单位对接，对工作流程、工作方式提出改进建议，并积极开展技术创新，提升工作效率。班组工作也得到了部门领导和市公司职能部门相关人员的充分肯定，配电自动化班在提升供电服务和配网运维水平方面发挥的积极作用得到了广泛认可。

## 分析看一看

**【班组理念概述】**

班组理念应该包括两个部分：一是班组对于外部环境（包括宏观环境和竞争环境）的基本看法和相应的应对措施；二是班组对于自己的资源、能力的基本假设和基本处理态度。班组理念是班组对工作过程中的经验、教训进行总结、思考、提炼而成，并应该为员工广泛接受。同时，班组也要根据外部环境和内部环境的变化，适时地做些调整，把一些新的理念吸收到班组中来，只有这样，理念才能够启发、激励员工更加努力地工作甚至不断创新。

**【举措分析】**

改革会带来方方面面的调整，对置身其中的人产生一定的冲击。曹班长在面对改革引起的各种困难时，不等不靠、积极主动、迎难而上，通过一系列措施推进自身和班组员工快速适应新形势，确保改革期间队伍稳定，改革效益充分发挥。

（1）主动沟通。曹班长在发现问题后，积极与班组员工沟通，并积极向市公司有关人员请教，尝试用各种办法解决问题。

（2）剖析形势。曹班长认真分析机构调整给班组工作带来的调整和机遇，梳理需调整的流程和工作界面，分析班组内部成员年龄、学历、专业等各方面特点。

（3）提炼理念。根据现有形势，提出“融入大局，知行合一，用技术更好地服务客户”这一理念，该理念高度概况了班组的形势任务，指引每位班组员工融入工作大局，实现个人与集体的同发展、共成长。

（4）积极宣贯。以理念为指导，利用班前会与班组成员深入沟通，进一步让他们认清自己所处地位、肩负责任，指明未来工作方向，使班组理念深入人心。

（5）落到实处。班组成员以班组理念为指导，主动思索自己所管辖工作内的问题及解决方式，提升工作效率。不仅将工作强有力推进，而且提升了个人的工作能力。

曹班长的举措方案非常及时有效，通过分析班组内外部环境，结合成员特点，积极沟通，调动了班组成员工作积极性，提升了工作效率。

### 【管理方案建议】

班组理念是一个班组的核心竞争力，是一个班组的软实力，在确定班组理念时，应当注意以下几点：

- 综合考虑班组的内部环境与外部环境，结合班组成员的技能水平、性格等各项因素，准确把握自己班组工作的定位
- 确定班组理念后，应当积极主动与班组成员沟通，确保他们思想向班组理念靠齐
- 班组理念在执行过程中应当不断深入挖掘学习，提升班组成员思想高度，进一步提升工作积极性，提高自身工作技能水平

### 一起动动脑

1. 曹班长针对机构调整后班组出现的问题都采取了哪些措施来解决，达成了什么效果？

2. 如果你是该名班组长，你会采取什么措施来制定并确立班组理念？

# 文化管心，丰富员工文化生活

## 写在前面的话

班组如同是电力企业的“细胞”，是企业最基本的生产单位，也是企业文化建设的最终落脚点，推进班组文化建设，激发班组成员的工作积极性和创造性，有助于实现企业的各项经济指标。

## 案例聊一聊

随着时代的进步，全社会用电量的不断增加，电力公司新型业务的不断增长，对员工的考核越来越精细，压在基层员工身上的担子也越来越重。虽然基层员工减负的工作持续开展，但是每个基层员工身兼多项繁杂的工作，经常令人心烦气躁，班组内员工的工作状态也日渐懈怠。

某供电所配电运检班的班长小马最近一直为班里成员松散懈怠的工作状态而困扰。班组成员小毛在工作中发现了班长小马近期总是愁容满面，很担心小马是不是遇到了什么困难，于是到了午餐时间便主动与小马攀谈起来：“班长，最近看你每天脸色不太好，是不是家里有什么难事，和我说说呗。”小马听了，心里顿感温馨，脸色也有些好转，苦笑着说：“没有没有，家里挺好的，还是工作上的事。就是咱们现在不是高压营销业务下放嘛，大家伙工作量增加了不少。感觉大家虽然都在认真干活，但是积极性和主动性有些欠缺，凡事都得我去盯着，不仅大家累，我也累。”“我明白了，我觉得是大家被工作压得失了精气神，都说劳逸结合，我觉得工作之余还得组织大家多多放松，鼓鼓士气！我们所还有几层楼的房子都空着，要是改成活动室多好啊！”小毛的话让小马醍醐灌顶，多组织文化活动、营造文化氛围正是驱散班内懈怠的工作氛围的良方！

班长小马回到办公室静下心、认真地思考起来，所谓“制度管事，文化管心”，两者不可缺一，现在的班组制度逐渐完善，是得加强班组文化氛围的营造了。于是小马立刻向所长做了汇报，结果与所长的想法不谋而合，所长指示，不仅要多组织活动，还要把供电所做一番改建，为员工营造更加好的工作生活环境。所长认为可以上报公司党群部关于供电所相关品牌建设的意向，并嘱咐小马回去发动班组成员好好构思，集思广益，并与党群部做好对接。

听取并归纳了班员的意见后，小马作为代表和公司品牌建设专员进行了深入的沟通交流，获益良多，公司品牌建设专员提出了许多有针对性的想法，最后由小马主导编制了供电所“品牌可视化”建设方案：

（1）总结提炼出班组管理“七维度建设”工作法。从七个维度建设形成标准化的品牌展示体系，实现品牌可视化建设“可传承性”。从管理、服务、安全、学习、生活、廉洁、技术七方面着手落地。其中在生活上，着重从生活理念、个人愿景、健康生活、特色生活四方面着手，关心职工的心理和生理状态，倡导和谐快乐健康的工作生活方式。

（2）摸索总结出基层站所“五大区域品牌展示”规范。将供电所分为办公区、学习区、生活区、公共区、后勤保障区五大功能区，明确各区域功能使用范围，营造良好的文化氛围，建设学习型供电所，提高队伍素质，并编制完成《供电所文化品牌标准化建设手册》，使企业文化可复制，通过特色品牌使得企业文化可推广。

（3）供电所开通内部职工可视化微信交流群。针对安全规范、技术技能、服务提升、经营管理、党建思想、群团工作等进行内部职工可视化交流。

该供电所依托“品牌可视化”工作，为员工搭建了一个丰富多彩、健康向上的文化平台，有效促进了员工的工作积极性。同时“品牌可视化”工作还受到上级有关部门的表彰奖励，荣获“全国安康杯竞赛优胜班组”“省公司五星级班组”“市文明班组”“公司先进集体”“公司先进职工小家”等荣誉称号，多次被《工人日报》《浙江日报》等媒体予以报道。

## 分析看一看

**【班组文化建设概述】**

班组文化建设是企业文化管理的重要内容，其对于培养班组成员爱企情怀、培养班组成员优良品德、班组精神，有着至关重要的作用。

**【举措分析】**

班长小马遇到班组工作氛围懈怠的情况，通过与班员的交流与领导的指示后，采取了以下措施：

（1）总结提炼出班组管理“七维度建设”工作法：从管理、服务、安全、学习、生活、廉洁、技术七个维度展开形成标准化的品牌展示体系，实现品牌可视化建设“可传承性”。

（2）摸索总结出基层站所“五大区域品牌展示”规范。明确各区域功能使用范围，营造良好的文化氛围，建设学习型供电所，提高队伍素质。

（3）供电所开通内部职工可视化微信交流群。针对安全规范、技术技能、服务提升、经营管理、党建思想、群团工作等进行内部职工可视化微信交流。

通过供电所的“品牌可视化”工作，推动班组文化建设再上新台阶。

**【管理方案建议】**

班组文化建设必须结合实际，结合班组的特点，确立如服务、管理、安全、质量等理念，才能形成具有班组特色的理念体系。

（1）全力塑造恪尽职守、敬业守纪的员工形象。班组文化建设应认真履行对社会的质量与服务承诺，努力提高产品或服务质量，认真执行《班组文明规范》，切实培养班组成员良好的政治思想素质，纠正不文明之风，使班组成员具有良好的职业道德素质以及技术业务素质，从而树立良好的班组员工形象。

（2）大力创造和保持班组整洁优美的工作生活环境。班组文化建设要关心班组员工生活，重视班组生产以及生活环境的建设。坚持文明作业、文明生产，保持优良秩序，创造优美的班组环境，确保搞好班组优质生产。

（3）积极营造班组科学文明与健康向上的文化氛围。遵循寓教于文、寓教于乐的人文思想，积极组织和开展具有较高文化艺术品位、内容丰富、形式多样的班组文化活动以及业余文体生活，陶冶员工的思想道德情操，培养班组成员的群体竞争意识以及自我实现意识，提高班组凝聚力。

总之，班组文化建设要做到从长计议和统筹规划，重在建设，分步实施，注重循序渐进，并逐步检查，从而形成具有本班组显著特色的积极向上、健康生动的班组文化。

## 一起动动脑

1. 小马针对该配电运检班组遇到的问题采取了什么样的措施来解决，达成了什么样的效果？

2. 如果你是该名班组长，你会采取什么措施来组织班组文化活动？

## 小贴士

**班组文化建设的要求**

- 班组文化建设要全面贯彻富有时代气息的现代企业经营理念
- 班组文化建设必须与企业发展战略目标相一致
- 班组文化建设应大力发扬体现行业特征的优秀班组精神
- 树立良好的班组形象

# 职工小家是我家

## 写在前面的话

基层供电所工作压力普遍较大，营造一个温馨的家文化，让所有员工在工作之余都感觉到舒适与关怀，才能更好地参与工作、推动发展。

## 案例聊一聊

基层供电所需要人才是毋庸置疑的事。然而，现实情况则是基层供电所普遍人才短缺，远水解不了近渴。如何在现有条件下，充分调动员工的工作热忱与积极性，人尽其才、物尽其用，才是推进供电所高效工作最切合实际的方式。

某供电所小吴最近浑身都透着一股干劲，不仅整个人生龙活虎的，干活也热火朝天。回想半年前的他，可不是这个状态。当时他刚转岗到供电所，工作起来极不适应。供电所上班路途遥远，每天上下班往返时间大大增加，工作环境也不尽人意，再加上小吴的孩子刚上幼儿园，这使得小吴在工作上变得不太积极。

一天，兄弟所班长小刘碰见了小吴，就拉着小吴问说："小吴啊，最近热得都要变熟鸭子了，事儿还特多，不是这儿跳电，就是那里要抢修，班组里面本来满满的活力都要被磨光啦！"小吴笑了笑："对啊，最近确实忙得回家都晚了，老婆还埋怨我暑假都不带带孩子呢！"小刘一看小吴这哪里像在抱怨，明明挺开心的呀。"喂喂，我说小吴啊，你有没有搞错，听说最近你们所出外勤特多，你都一马当先的，受到了领导的表扬，说吧，发大财了还是升职了，和兄弟我可千万别神神秘秘的!”小吴一听，忙说：“那还真的没有！说出来你可别不信，最近所里改变挺大的，走廊上我们每个人的家庭照片都上墙了，这让我觉得工作特别美好，就像在家里那样温馨!”说着小吴脸上洋溢出幸福的笑容。

小刘不置可否，心里琢磨着，放两张照片就能让小吴这么有动力？第二天，小刘回到所里就去所长办公室聊了这件事情。所长一听，说：“他们最近在做职工小家建设，取得了不错的成绩。我正盘算着带你们去参观一下，这样看来，计划得提前了。”次日，所长就带领小刘一行兴冲冲地来到了小吴所在的供电所，参观了“供电所家园文化”建设情况和效果。参观过程中，小刘一行人积极发问，全方面了解了该所职工小家建设方法，并把自己的想法全都记录了下来。

当天下午，所长就召开了会议说：“大家都看到了兄弟所的文化建设了吧，他们的职工小家都是按照上级建设要求的同时结合了本所的特色。现在，我们根据自身特点，大家一起来谈一谈自己的想法吧。”班组成员小林积极的建议道：“我们也应该设一个文化角，以后工作累了，去那儿放松放松心灵!”大家都被小林逗得哈哈大笑。所长根据大家的发言讨论，总结了以下几点：一是定期开展形式多样的员工交流，如家属座谈会等形式，增进相互理解；二是设置供电所政工员，负责和其他所联络，同时关注、了解、解决本所员工生活困难，排解心理负担；三是开展“三个一”家文化建设，在办公场所设立读书角、文化墙和阳光小屋；四是张贴员工“全家福”，定格家的幸福；五是在阳光小屋中设置“书香门第”，给员工放松心情等。

班长小刘依照所长的会议决策，带领班组成员积极建设家文化，主动拿出珍藏的全家福张贴在楼道内，把一些好的藏书也贡献给了所内文化角。对所内的办公环境进行了重新装饰，老旧灯泡、无用设备也进行了更换和处理。甚至主动补充提议设立困难员工档案，做到摸清班组员工困难状况，方便定期开展调查谈心活动，设立互助联系卡，班组长小刘率先将自己的个人信息留在上面，方便任何需要帮助的员工随时联系。“家”是港湾、“家”是责任、“家”是文化、“家”是传承，家文化在员工的心理就这样蔓延开来。

自开展“小家”创建之后，该供电所始终以帮助职工解决生活和工作中的问题为出发点，多次深入基层调研，为基层谋福利、促发展。考虑到抢修作业较辛苦且中午不能回家的情况，所内还为职工设立了午休室。同时，还开设了职工食堂、配置了文化活动设施以及用具，有效保证了职工生活及文化的需求。目前，“职工小家”不断散发着“正能量”。就好比一支良好的催化剂，促进了“标准化班组”的理念内化于心，外化于行，提高了班组的凝聚力、向心力和战斗力，推进了企业科学管理、和谐发展，实现了职工成长和企业发展的双赢。

## 分析看一看

**【职工小家概述】**

职工小家，顾名思义，就是职工家庭之外的另一个家。以经营家庭的方式，将班组创建成“学习小课堂、快乐小家庭、团结小集体”的“小家”，使职工有归属感、幸福感，时刻感受到如家般温馨的企业文化、体验到“小家”对职工的关爱，从而实现“以小家促和谐发展”的目的。

**【举措分析】**

案例中的班长小刘善于交际，把发现的其他所的良好现状及时反馈所长，一定程度上促进了供电所之间的互帮互学、共同进步。通过所内讨论会决定，小刘带领班组成员为本所“职工小家”建设采取了以下措施：

（1）开展“职工小家”文化建设。班长小刘主动拿出自己的全家福以及一些藏书贡献给所内文化角，带头引领供电所“职工小家”的“家”文化建设。

（2）带领班组成员对“职工小家”进行基础设施建设。通过墙壁粉刷、灯泡换新等方式加强职工小家的基础设施建设。

（3）协助建立困难员工档案，设置互助联系卡。

**【管理方案建议】**

“职工小家”建设是加强职工思想政治教育、维护职工权益、加强企业民主管理及精神文明建设的重要工作。

（1）依据上级文件建设要求，以科学发展观指导职工小家建设，认真落实工会总体工作思路，突出维护职工合法权益。

（2）大家和谐方能建“小家”。各职能部门，供电所之间应在建“小家”工作上达成齐抓共管的共识，合力建家，共同为“职工小家”建设出力。

（3）各供电所在建设“职工小家”时，应本着因地制宜、彰显个性的原则，通过专业部门的帮扶指导，将专业文化植根“职工小家”建设，引导班组形成自己的团队文化，从而增强班组的凝聚力和团队协作能力。

（4）重点抓实安全、管理两大工作，积极开展“安康杯”竞赛系列活动、强化“内训”管理，有效促进供电所安全生产管理水平的提升，为“小家”文化打下坚实基础，沉淀文化养分。

## 一起动动脑

1. 如果你是班组长小刘，你还会采取什么更好的措施建设职工小家？（从硬件和软件两方面分析）

2. 除职工小家基础建设外，你还有什么想对供电所职工小家文化建设工作说的？

## 知识链接

**省公司2017年上半年“职工小家建设”专项方案实施进展**

- 开展班务公开工作试点，进一步规范班务公开栏形式和内容，增强公开时效

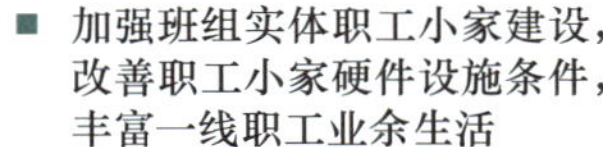

- 加强班组实体职工小家建设，改善职工小家硬件设施条件，丰富一线职工业余生活

- 推进班组自主管理，通过班组民主生活会、合理化建议、民主沟通等形式，充分调动职工自主参与民主管理、民主监督的积极性

- 建立职工代表接待点，畅通职工诉求表达渠道

# 促进青年员工交流，建设青苹果工作室

## 写在前面的话

建设青苹果工作室是实施青年员工作为青苹果成长计划的重要一环，为班组青年员工工作和生活交流提供了便捷的平台。

## 案例聊一聊

目前班组新入职员工均为高校毕业生，其中不乏许多毕业于985、211 等名校的人才，青年员工学历高、想法多、冲劲足，但存在对工作和生活非常迷茫、个性张扬以及不适应团队协作等现象；与此相对应的，班组的老师傅虽然没有较高的学历，但是具有良好的工作作风、扎实的操作技能和丰富的工作及生活经验。在工作和生活中如何整合两者的优势，促使青年员工和老师傅协同工作，促进班组内部团结融洽，是进一步提高班组工作效率和效益的重要因素。

眼见新一批大学生又要来单位报道了，班长小胡最近一直在思考这个问题。为此小胡特意在班组周例会后将班里的两位骨干员工小张和老王叫到了自己的办公室。

小胡开门见山地说："把二位叫过来，是有件事想跟二位谈一下。去年安排给二位的任务不知你们完成得怎么样了？"

"任务？什么任务？"小张和老王互相看了一眼，满脸疑惑地问道。

小胡哈哈一笑："就是去年新入职的大学生小徐，进单位后不是拜了二位为师傅嘛。半年过去了，培养得怎么样了？"

听到这句话，老王欲言又止，小张看到接过话茬儿说："我来说下吧，这件事情我跟老王私下里也沟通过，小徐这个孩子人很聪明，新的东西学习起来也很快，通过班组里的青苹果成才计划，他这半年的进步是有目共睹的。但问题是，像这种集中性的青苹果课堂的学习，仍然不能把所有的知识点联系起来，对于复杂工作他还是存在着一知半解的情况。另外他平时不太善于跟老师傅请教学习，总是自顾自地思考，结果往往是走了很多弯路，耽误了很多精力，还被别的同事误解，以为他很高傲的样子，影响了同事之间的团结。""对，我也是这么想的。"老王附和道。

小胡一听，心想大家都想到一起去了，看来这个问题已经很严重了，需要尽快解决掉。小胡继续问道："那二位有什么好的解决方法么？"

老王思考了一会儿说："像刚才小张说的一样，现在年轻人学历都很高，理论知识储备很足，但是到了现场之后发蒙了，才知道理论和实践的差距。我想我们作为老员工，作为他们的师傅，要尽好领路人的责任，无论在工作上还是生活上遇到问题都能够跟他们坐下来好好交流交流，一起分析一下原因，这也是一个互相学习的机会。"

"你说的有道理，对于新进单位的大学生，班组要拿出一个切实可行的培养方案来，不仅要在工作上做好他们的领路人，让他们快速成长为工作骨干，在生活上也要多加关心，平时大家工作都比较忙，对这些年轻员工都疏于关心了，我们班组现在就缺乏这样一个集中的工作和生活的交流平台。"班长小胡补充道，"这样吧，你们的意见我会整理好发给大家，这几天发动全体班组成员的力量，收集意见，务必拿出一个切实可行的方案来。”

过了一周，小胡组织了一次专题讨论会，针对这几天收集来的意见综合现场讨论成果，敲定了最后的方案：

（1）继续深入开展青苹果成长计划，青苹果课堂的选题由原来的班组长指定讲课题目的模式改变为个人依据自身的特长主动申报，或者提出自己的知识需求，在班组内部进行征集然后进行上报。

（2）丰富青苹果课堂的进行方式，将青苹果课堂由室内搬到室外，由被动听课转换为主动实践，每月的青苹果课堂中都要安排一堂室外实操课，着重培养青年员工的实践动手能力。

（3）利用班组的闲置房间建设“青苹果工作室”，构建班组员工交流平台，打造班组的“三个基地”：①文化基地——为每位青年员工建立独立的培训档案，根据青年员工成长及学习情况分阶段制订培训学习计划。建设班组荣誉墙，进行青苹果培训成果展示以及优秀青年员工成长足迹展示等，增强班组成员的班组荣誉感和归属感；②创新基地——突出青工创新工作亮点，展示创新工作成果，提升群众创新和QC项目的参与度；③心灵基地——打造精品读书会、文艺沙龙等活动，便于员工沟通感情，拉近员工之间的距离。

（4）每月开展一次“班务论坛”，召集所有成员参加，大家梳理一次现场工作中的安全风险、业务难题，并在论坛上公布工作工分出勤情况，由业务优秀同事交流工作经验，同时通过头脑风暴收集一次合理化建议。此外，有时间的话可以开展“中青论坛”，可以不谈工作，只谈电影、旅行、养生、家庭，等等，大家在讨论中自然而然地增进了沟通和了解。

“青苹果工作室”将青苹果成才计划从课堂、培训场地以及年龄层次中拓展开来，使班组员工随时随地都有了相互交流工作和生活的平台，不仅大大促进了青年员工工作技能的提升，还使得班组员工亲似一家人。“青苹果工作室”这样的尝试迅速得到了上级领导的肯定，并在全公司范围内进行了推广，获得了大家的一致好评。

## 分析看一看

### 【青苹果工作室概述】

“青苹果工作室”是实施青苹果成才计划的一个重要环节，作为青苹果课堂的一个延伸，充分利用起员工的零散碎片时间，使班组员工随时随地都可以进行交流，为员工搭建起一个有效的班组职工交流平台。

### 【举措分析】

班长小胡在遇到新进大学生培养的问题时，采取了以下措施：

（1）继续开展青苹果成长计划，将定题讲课改成自主申报知识需求。

（2）将青苹果课堂由室内搬到室外，通过主动实践提高青年员工动手实践能力。

（3）利用闲置房间打造“文化基地”“创新基地”以及“心灵基地”等员工交流平台，从多个方面促进员工沟通，拉近员工之间的距离。

（4）定期组织班务论坛、中青论坛，加强组员之间情感交流。

**【管理方案建议】**

搭建员工交流平台

对于促进班组和谐发展具有重要意义，搭建时应注意以下几点：

- 针对青年员工的特点，要想办法增强青年员工的集体荣誉感和归属感，使青年员工迅速完成从学生到职场人的转变，充分激发青年员工的潜力
- 根据员工实际工作开展情况，发挥平台的沟通交流作用，帮助员工提升技术技能水平
- 对于班组员工，不仅要在工作上，也要在生活上进行关心、引导，及时了解思想动态，将不安全的因素消灭在萌芽期

## 一起动动脑

1. 小胡针对配电运检一组遇到的问题采取了什么样的措施来解决，达成了什么样的效果？

2. 如果你是该名班组长，你会采取什么措施来搭建职工交流平台？

Part 4

# 班组团队建设管理篇

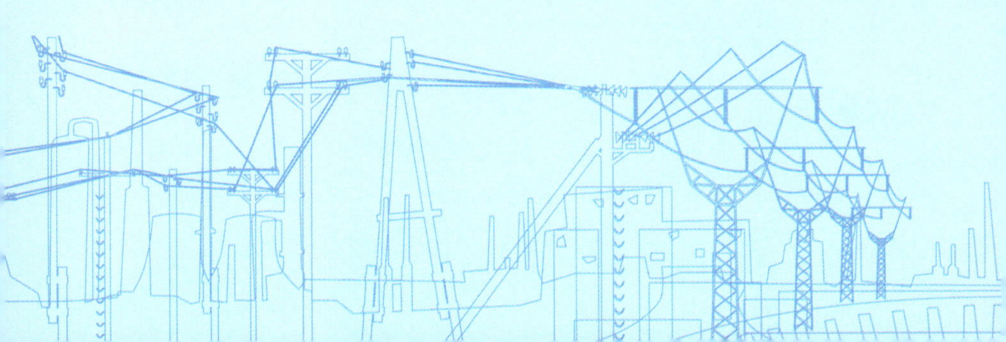

# 立足“畲”字做服务，唱响“畲汉”电网情

## 写在前面的话

优质服务需要从用电客户的利益诉求出发，完善服务理念、提高服务质量、规范服务操作、科学简化服务流程，力求实现合规、高效、人性化的服务。

## 案例聊一聊

近年来，国家电网公司用真心和行动诠释着“优质服务是国家电网生命线”的理念。而供电营业窗口，则是“国家电网”品牌推广的积极践行者，是电力服务的前沿阵地，窗口服务品质的高低对客户满意度、忠诚度的建立有着决定性影响。因此，不断加强供电营业窗口管理，努力提升营业窗口服务品质，不断增强营业窗口团队的凝聚力、战斗力和向心力便越发重要，努力把“优质、方便、规范、真诚”的服务奉献给广大电力用户逐渐成为供电营业窗口的工作重点。

夏日的午后，供电营业厅依旧异常的忙碌，客户代表们有条不紊地接待着每一位前来办理用电业务的客户。临近下班，营业厅进来一位面带焦容的七旬老人，急匆匆地走到柜台前，客户代表立即起身迎坐，并关切地询问老人有什么用电问题需要帮忙解决。老人一脸为难，欲言又止，客户代表微笑着说：“大爷，没关系，有什么问题您慢慢说，我们一定帮您解决。”大爷依旧面露难色，但最

终还是开口说话了，然而这一说，可把客户代表给难住了，因为这位老人说的是畲语。尽管生活在畲乡，但由于畲汉文化的差异，在语言上畲语确实和我们的地方方言有很大的不同。客户代表试图和他交流，发现老人只会说畲语，不会地方方言，更不会普通话。客户代表有些不知所措，同事当中是有一位畲族的，平日里遇到类似这种问题，有她在就能顺利解决。但是近段时间，这位同事请了产假，没人会畲语，问题就来了！不懂老人在说什么，该如何为老人解决问题。

最后客户代表寻求了班组长的帮助。班组长知道了事情的原委，想到了一个人，后台有一位同事小陈的老公是畲族人，会畲语，估计她多多少少也会一些。于是寻求了她的帮助，可是她也是一脸茫然，为难地说："畲语听是大概能听懂，但是交流还是有困难。"关键时刻，能听懂总比完全不懂好啊，于是小陈硬着头皮上了，原来是老人家里的保险丝烧了，大夏天的没电用，着实有些热。最终问题解决了，老人原本焦急的脸上露出了满意的笑容，用畲语不断地向我们致谢。

下班时间到了，原本热闹的营业厅安静了下来，但是班长小陈心中却久久不能平静，陷入了如何提升和细化“窗口服务”的思考。“作为全国唯一的畲族自治县，我们生活在这片叫作‘畲乡’的一方水土上，就应该以服务畲乡电力用户为己任。平日里营业厅有一位懂畲语的客户代表，所以并没有重视这个问题，现在，解决这个问题的重要性和紧迫性便凸显了出来。可是究竟要怎么解决语言上的难题呢?”于是，班长小陈利用下班时间，在办公室连夜加班，查阅各种相关资料，不断完善自己的想法。小陈想到，这是班组遇到的难题，就需要让每一位客户代表参与进来，增强大家的参与感和归属感，而凝聚班组士气和战斗力的首要任务，是要有一个叫得响、拿得出、过得硬、做得实的班组口号。

在第二天的班后会上，班长将所有想法一一列出，昨天接待畲族老人的客户代表笑着说：“班长，我们昨天晚上也想过了，我们这里是畲族自治县，为畲民服务的我们哪能不会畲语呢，现在我们都准备要开始学畲语了。”其他客户代表也纷纷附和。班长小陈接着引导着，“既然这样，不如我们一起设计一个口号，也对我们日常的畲语学习起到一个激励作用。”

接着，班后会上就这一系列问题进行了讨论，根据当下的服务对象，大家决定将“畲乡”加入到口号当中。此外，其中一名客户经理建议说：“学习畲语需要大家不断努力，不如也在口号中体现这种努力的精神。”接着又考虑到语句的通顺，读起来轻快上口等需要，大家最终一致通过。将“服务畲乡，我的责任；需求万变，努力不变”定为营业厅的班组口号。

在接下来的一个月时间里，大家利用晚上休息的时间和周末开展了畲语培训，邀请了电视台“畲乡新闻”的畲语主持人和畲族非物质文化遗产的传承人来轮流给大家上课，并通过上级领导的批示，专门为畲民开辟了一个绿色通道，命名为“畲语专岗”。

这些举措的推行，在这个小县城里成了所有服务窗口单位的亮点和标杆，得到了畲民的喜爱和称赞，对于营业窗口的每一位客户代表来说，他们都深深爱上了这一门新的“母语”。供电企业真正的从用户的利益诉求出发，将优质服务细化到了民族文化，解决了畲民办理业务交流难的问题。凭着强烈的责任心和使命感，怀着感恩之心将服务实实在在地做到了用户的心坎上。

## 分析看一看

**【班组口号概述】**

班组口号作为班组精神面貌的体现，可以增强班组成员斗志，帮助班组成员时刻保持昂扬向上的精神。

班组口号作为促进班组工作开展的方式，应本着简单新颖、语词通顺、立足实际的设计方法；坚持富有感召力、富有渲染力的设计原则，从而最终实现口号的激励作用。

**【举措分析】**

营业厅中以往发生此类问题时，由于有懂畲语客服代表在场，都能解决问题，所以并没有及时意识到此类问题的重要性，而等到该位客服代表不在时，才发现问题的严重性。班长小陈能及时意识到问题所在，立即想出临时解决办法，并在事后采取了以下措施：

（1）在班后会上提出讨论。班长将前一天发生的事件在班后会上提出讨论，将自己的想法提出，让班组成员们畅所欲言，将好的想法建议都说出来。

（2）一起设立班组口号。在大家形成初步方案后，引导班组成员结合工作实际共同设立班组口号。

（3）落实口号内容。明确班组口号后，在接下来的日常工作中通过请老师利用业余时间进行辅导培训等方式切实落实口号内容。

（4）寻求领导支持。敲定方案后与领导沟通，确认方案的可实施性，并付诸实践。

班组长的举措，很好的凝聚了营业厅班组的各位客户代表，解决方案得到了大家的一致认可，既有效解决了问题，又加深了客户代表们之间的感情。

**【管理方案建议】**

“优质服务是国家电网的生命线”，对于营业厅来说更是重中之重，一个具有凝聚力的班组则是提供优质服务的基础，班长在通过设立班组口号增强班组凝聚力时需要注意以下要点。

（1）充分了解内部需求。设立口号之前需要明确口号设立的目的、作用等，根据需求进行口号的设计。

（2）征集团队意见。班组口号的设定不是班组长一人之言，当需求明确后，应发挥集体的智慧，共同设立为众人所接受的班组口号。

（3）满足口号设计原则。班组口号应满足语句通顺、立足工作实际、内容通俗易懂、立足正确的价值观、富有感染力等要求。

（4）贯彻落实口号精神。班组口号只是起到激励作用的一句话，而最终的问题解决仍需要每一名班组成员的贯彻落实。班组长在有了班组口号后，应积极带领班组成员贯彻落实。在实践中切实增强团队凝聚力。

## 一起动动脑

1. 班长针对营业厅遇到的问题采取了什么样的措施来解决，达成了什么样的效果？

2. 如果你是该班长，你会采取什么措施来解决营业厅遇到的类似问题？

## 小贴士

优质服务的参考标准

- 一般来说，好的服务体验以及合乎法规与准则要求的办理结果，是判断服务质量优质与否的主要参考项
- 优质服务不但体现在业务经办的操作上，也体现在对客户的沟通态度上，即能够尊重影响服务对象的主观感受的因素，如性别性格、社会地位、教育背景、身体职业、文件习俗等

性别性格　社会地位　教育背景　身份职业　文化习俗

# 举手表决，全员参与决策

## 写在前面的话

一般情况下，班组管理制度的制定和日常决策都是由班组长或者上级领导指示并下达，很多决策并没有征求班组成员的意见，特别是在一些关乎员工切身利益的事情上，员工因为没有参与决策，在执行一些新的制度和规定时是带有抵触情绪的，导致很多制度在执行过程中存在偏差，且执行效率不高。

## 案例聊一聊

近期，某班组成员小李整天面带愁容，对于工作的态度也是消极懈怠。班长老陈看到这个情况，便询问他最近工作上是不是有什么困难。小李面对班长的询问，回答得有些支支吾吾，显然有所顾虑。老陈安慰他说："咱们都是自己人，有什么困难说出来我才能帮助你啊。"小李这才把事情的原委一一道来，原来他最近工作状态欠佳是源于近期班组下发的一个决定：以后各班组成员都必须上下班准时签到，没有签到要扣奖金。但是由于工作性质不同，有些班组成员经常要外出抢修，抢修时间不固定，这让小李很难按时打卡完成考勤，所以给他造成了一定的压力。

老陈在了解了小李的顾虑后，也觉得现在的制度的确存在不妥之处，当即表示要对现在的制度进行调整。老陈心想，考勤制度影响到了班组里的每一个人，接下来的制度调整可不能再由他一个"拍脑袋"决定了，要想办法让每个班组成员都参与到决策制定过程中来。老陈心里这么想着，可是怎样才能让大家都参与其中，还没有什么头绪，他转过头问小李有没有什么好办法。小李不假思索地说："就大家举手表决呗，这样的方式最快也最直接。"小李这脱口而出的想法倒是点醒了班长老陈。老陈心想，班组的人数不算多，需要大家共同决策的事情相对来说也不复杂，这种决策方式既民主又能解决问题，举手表决决策看似简单，但是却又十分适合班组的实际情况。

于是，第二天，老陈就组织了一场班务会议。会议上，老陈将班组现行的考勤制度存在的问题进行了说明，也进行了反思，他表示目前制度之所以不适用于班组，很大一部分原因是因为没有让班组全体成员都参与到决策制定的过程中来。班长在台上讲着，台下的组员对班长的这种及时发现问题、指出问题关键的行为十分认可。班长老陈说："我思考了一段时间，决定以后只要是和班组成员们息息相关的制度或决策都要由班组成员全员参与进行举手表决，过半数人赞成才能通过。""这可太好了，我们也能通过表决表达自己的看法了！"班组成员也纷纷表示赞同。班长老陈见大家对这一决定都很满意，十分欣慰，决定将之前发布的考勤制度拿出来让大家再讨论讨论，根据大家的讨论意见进行修改，最后由大家举手表决是否通过。经过讨论，做出了以下调整：①正常办公人员按照规定，执行正常上下班签到；②值班抢修人员，根据所里出的派工单，按照工作时间来进行合理调休，正常工作时间，不作调休；③正常的请假调休要注明事由，非合理理由，不得调休；④每月对调休和签到情况进行统计，根据统计结果，进行绩效考核，结合绩效考核情况发放奖金。大家又重新审核了一遍修改的考勤制度后，班组全体人员举手表决，最终所有人一致举手通过修订后的新考勤制度。大家心满意足地露出了笑容，都表示可以亲身参与制度的制定，这样公开民主的管理方式非常合理公正。

自执行了新的考勤制度后，大家对上下班签到制度也没有那么抵触，同时也对夜间抢修工作有了动力，因为既能调休，又有绩效考核奖金，最重要的是大家心中充满了主人翁的精神，逐渐地班组人员的工作积极性提高了，班组的凝聚力也增强了。

## 分析看一看

### 【班组制度概述】

班组制度是针对班组生产、管理活动所制定的一整套规程、规章、准则、程序和标准，是班组目标在工作上的具体体现，以文字形式表达的、所有成员必须遵守的行为准则。

### 【举措分析】

班长面对政策的制定无法适应班组实际情况，无法反映班组成员真实意见的问题，采取了以下措施：

（1）发现问题，预先梳理。通过与班组成员的交流，发现考勤制度不合理这一问题，对该制度进行重新评估，将不合理的地方一一罗列，做到心中有数。

（2）及时反思，集思广益。组织召开班组会议，将问题在班会上进行反思，让班组成员们畅所欲言，提出切实、合理的修改意见。

（3）举手表决，全员参与。推行举手表决决策，让全体班组成员都参与到制度的制定和决策过程中来。

举措方案很好地结合了众人的智慧，通过设计合理的民主决策制度，解决了班组当下遇到的问题。

**【管理方案建议】**

规章制度的重要性不言而喻，在班组考虑就一些规章制度在班组内进行举手表决的过程中需要注意以下几点：

（1）在举手表决前对规章制度进行充分的说明，对其涉及的专业业务、影响的人员范围等利害关系向班组全体成员进行解释。

（2）规章制度的制定或修改过程中，班组长要充分调动班组成员的参与积极性，鼓励大家踊跃表达自己的观点，提出切实可行的建议。

（3）举手表决需要班组成员全员参加，超过半数成员举手赞成即为通过决议。

（4）规章制度通过后，相应的实行方案要在短期内进行公示，切忌重决策轻执行。

## 一起动动脑

1. 本来好好的合理的签到制度，为什么很多人表示不理解，消极对待？

2. 如果你是该名班长，你会采取什么措施来制定班组制度？

## 小贴士

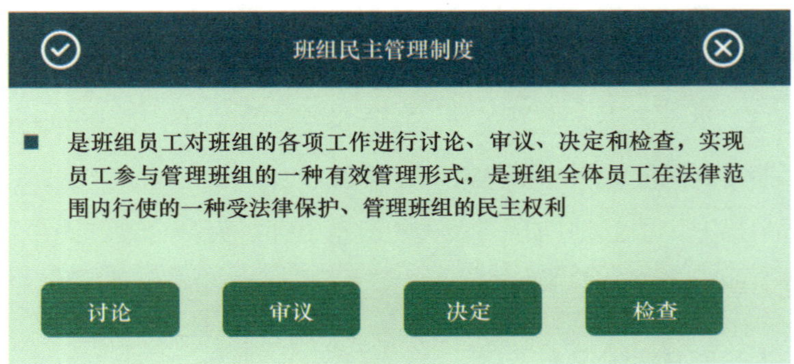

# 资源整合，运维效率高效化

## 写在前面的话

资源优化配置是提升班组工作效率的有效方法，在日益增长的电网建设规模下，合理地利用资源能够有效保障电网运维工作的高质量以及高效化。

## 案例聊一聊

某地区 80% 的输电线路位于高山峻岭之间，线路运维难度大，且近年来输电线路快速增加，外加多种形式的保供特巡、线路六防、应急处理等工作，班组巡视任务量也在快速提升，超过了班组员工的承载力，这一系列因素导致员工在情绪上、思想上产生波动。特别是 1000 千伏输电线路投运后，1000 千伏输电线路的运维质量受到国家电网公司的高度关注，是班组线路运行工作的重中之重，在日常生产管理中势必增加大量的工作，合理安排班组现有资源是解决问题的有效途径。

输电线路运检班组的班组长老郭最近愁眉不展，班组成员小宋在工作中发现了这个问题。于是在一次输电线路防汛防台特巡工作中，小宋找老郭聊了起来："郭班长，最近看你心情不好，感觉很操劳，是不是有什么事情啊，可以说出来，看我能不能帮上忙?"老郭擦了下因爬山滚落下来的汗水，心里想着小宋是班组里唯一的年轻大学生，说不定他能提出好的建议呢，于是老郭轻叹了一口气说道："小宋啊，现在输电线路不断增多，运维质量要求不断提升，导致运维压力也变得越来越大，再加上我们班大部分都是50岁左右的老员工，运维人员年龄结构慢慢地就变得不太适应工作要求，人员得不到补充，班里面员工明显表露出疲态，我一方面是担心线路运维质量保证不了，另一方面也是心疼班员们如此超负荷的工作状态。”小宋想了想说道：“是不是可以把线路附近的供电所、电力兄弟单位、群众义务护线员这些资源安排给我们帮忙啊。”老郭一听茅塞顿开，重重地拍了下小宋的肩膀并道了一声谢谢，转头就回到工程车上，赶往班组办公室。

老郭回到办公室后，来不及脱下被汗打湿的工作服，拿起笔就在纸上写了起来，罗列出班组现有的运维力量，接着发出了下午召开班组会议的通知。

在班组会议上，班长老郭将班组目前棘手的问题一一提了出来，班员们听后纷纷表示赞同，班员老王代表大家说道：“班长，这正是大家都在说的事情，现在我们班运维任务太重，人员结构老龄化，部分老员工膝盖都有旧伤，年轻力量又补不进来，大家心里都着急啊！既然班长你提出来了，就大家一起商量出解决办法来，不能让班长一个人扛。”老郭听后心里感觉非常温暖，心想有了共鸣，问题就好解决了。紧接着老郭将他中午加班写好的班组资源整合草案一一下发到每一个班员手中，班员们马上认真研读起来。老郭接着说道：“请大家将草案拿回去，好好看看，下周一大家在这里再聚聚，届时请各位提出自己的意见和改进的措施。”大家表示同意。

几天的时间很快就过去了。会议室里老郭早早地坐定，班组员工无一缺席，在约定的时间，大家带着各自的想法和建议参加会议。经过几轮的意见收集和协商，最终针对解决运维任务与运维力量不符的问题，在提出合理优化班组运维资源配置的方法上达成了统一的共识。一是充分利用输电运检室、属地供电所、群众义务护线员、警企联络室的力量，将输电线路网格化巡视，明确线路运行责任区段多重责任人，逐级逐档落实线路巡视人员和保障措施，提高山区线路运维响应速度；二是依靠属地供电所、群众义务护线员及政府部门的力量，充分利用区域优势、交通优势、信息优势进行差异化的有效巡视；三是最终实现以“线”为固定单位、以“月”为巡视周期的模式向以“点（段）”为单位的网格化的属地化巡视模式转变。老郭将属地联络的工作分派到每一个人，要求班员认真落实与属地单位的联系，会后老郭将该资源整合后的运维模式及属地对接任务表打印出来，张贴在班组公告栏中，供班组员工查阅。

经属地对接网络建立好后，班组充分利用该运维模式的优势，有效地将班组资源合理优化，借助外力来弥补不足，确保了线路巡视全覆盖，又在一定程度上解决了输电线路运维人员不足的矛盾，降低了输电线路运行维护成本，提高了对特殊区域、复杂区域的管理控制能力，有效控制了输电线路内在隐患和外部隐患对输电线路安全运行的威胁。班组员工的运维压力得到了缓解，运维效率得到了提高，输电线路的安全稳定运行得到了保障，班员们都由衷地感谢老郭班长的好点子。

## 分析看一看

**【运维模式概述】**

输电线路传统运维模式为线路运行工人开展输电线路周期性巡视，以线路巡视的方法发现线路缺陷，开展线路六防应急处置等工作。

**【举措分析】**

班长老郭遇到班组人员不足、结构老龄化与日益增加的巡线工作量的严重矛盾，班组员工运维压力大，心里情绪波动大，工作质量得不到保证，采取了以下措施：

（1）仔细梳理班组人员结构，统计班组运维工作量，寻找可获得的外延性资源，初步制定优化的资源配置草案。

（2）及时组织召开班组会议，公布草案，留一定的时间裕度供班员提出意见和建议。

（3）再次组织班组全体会议，收集整理班组成员意见和建议，采纳合理建议，确定最终方案，

（4）合理布置方案后续对接工作，进一步落实方案的可行性和可操作性。

（5）文字形式公布。老郭将两次会议得到的结果公布在班组公告栏上，方便班组员工查阅。

老郭的举措方案很好地结合了众人的智慧，通过草案的制定，全体人员的建议整合，后续对接工作的开展，很好地利用了现有的班组资源，进行了班组资源的延伸和扩大。通过制定创新性运维模式，有效解决了线路运维的实际困难。

**【管理方案建议】**

班组资源的合理利用起着重要的作用，班组资源得不到合理配置和延伸，会造成班组员工压力大、工作效率不高、情绪波动等问题，班组长在进行资源优化配置的过程中需要注意以下要点：

（1）综合考虑协作部门的配合程度。运维模式的制定应充分考虑配合单位的实际情况，以及公司层面在对接工作上的可行程度。

（2）开展班组长员工协商调研工作。班组长在决定改变运维模式之前，需要对全体班组员工进行调研，征求大家的意见，整合大家的意见，最终达成一致的见解和看法。

（3）主动听取员工意见和建议。资源整合后的运维模式不应该是班组长一人的决定，而是广泛听取众人的意见建议，集众人智慧的成果。

（4）结合班组工作内容、特点。运维模式的制定依旧需要从实际出发，新制定运维模式需要对日常生产工作起到帮助提升的作用。

## 一起动动脑

1. 班组长针对该输电运检班组遇到的问题采取了什么样的措施来解决，达到了什么样的效果？

2. 如果你是名班组长，你会采取什么措施来优化班组资源？

## 小贴士

根据案例中的资源配置，该创新型输电线路运维模式的人力资源保证系统如下：

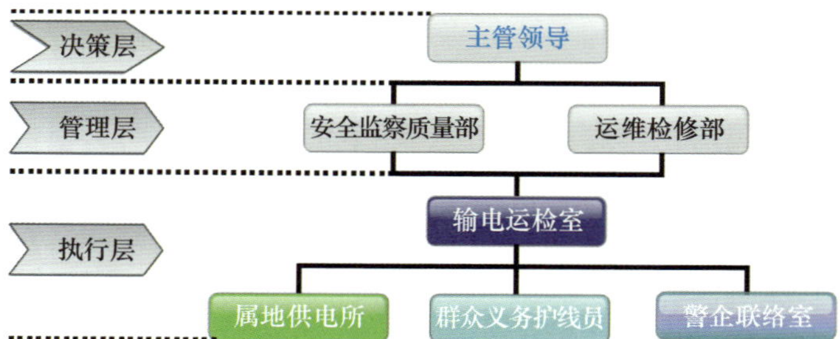

# 创新培训管理模式，针对性提升员工业务水平

## 写在前面的话

反事故演习是检验调控员在遇到突发事故状态下的实操业务水平能力的重要方式。一个明确的、有引导性的班组反事故演习管理方式，可以有效提高调控员业务水平。

## 案例聊一聊

随着公司内外部对事故处理要求的不断提高，特别是面对大型事故处理时，需要调控员在最短时间内选择最优的方式进行故障隔离、恢复用户供电，如何有针对性地对调控员进行业务培训、实现调控员在突发事故状态下稳定进行最优方式事故处理是我们不断探索的课题。

某日，某调控运行班班长小王对调控值长胡师傅、正值小刘、副值小余开展了一场突击反事故演习。演习题目为一条110千伏线路停役检修，另一条110千伏线路发生故障引起该110千伏变电站全站失电。三人演习结果很不理想。小王对胡师傅说："胡师傅，我们有风险预警单对应事故预案、有变电站防全停事故预案，为什么不依据已有的预案处理？"胡师傅反驳道："事故处理的突发性很强，电网潮流时刻都在变化，预案只能作为参考而不能作为依据，而且我们的预案是否经过审核、批准？"小王沉默了一会儿感叹道："调控员在事故处理时没有第一时间想到预案或者大家对预案没信心，这

说明我们管理工作还没有做到位，差在最后一步上啊！”

当晚小王按照惯例出去夜跑，碰到退休的调度老主任，其间聊起白天反事故演习的事，小王对老主任说：“主任，我心里很着急、也很担心。现在公司内外对我们事故处理的要求越来越高，但我们员工的业务水平跟不上，如果按照原来的老一套，事故处理单纯依靠调度员的临场发挥，很容易出现处理疏忽和瑕疵，对调度员和单位来说都是一个潜在风险。我是想通过完善的预案加提升调控员的业务水平来规避以上风险。”老主任听后语重心长地说：“小王啊，这几年你们这些年轻人付出很多，班组也取得很好的成绩，这都值得肯定。但同时我们也要看到部分老员工受年龄、教育程度等客观因素限制，眼见和工作思路存在局限性。你要清楚新员工、老员工都是我们团队的一部分，作为班长要引导新员工、帮助老员工。世上无难事，只怕有心人。管理是一门活的艺术，你既要利用现有的管理措施去引导，也要用一种大家能接受的方式去管理，促使大家提高业务水平。”小王听后茅塞顿开，回来后开始思考如何制定一套有针对性的培训管理措施，引导调控员实现借鉴预案的事故处理模式，并将自己的想法、解决措施一一记录下来。

第二天上午，小王先和胡师傅沟通了自己的想法和措施。胡师傅听后向小王表态只要有利于班组建设、有利于大家业务水平的提高，老师傅们肯定都会支持。然后小王将自己的想法和措施公布在班组群里，告诉大家有什么好的意见、想法及时提出。小王听取意见后，将其一一进行综合调整并及时反馈大家，同时通知大家第二天早上召开班组会议讨论。

班组会议上，班长小王将自己的目标、措施逐一向所有班组成员做了说明，由于前期沟通充分，得到了大家一致赞成，最终形成班组专项预案 + 反事故演习 + 二级绩效结合的培训管理制度，如：①班组技术员负责重新梳理《变电站 $N$-1 事故处理预案》《变电站防全停事故预案》并经部门分管负责人审核、分管领导签发，方案细化至普通负荷转移，突出方案可靠性和可实施性。当值负责电网风险预警单事故预案编制工作，经班组技术员、运方、继保审核、部门分管领导批准后放置调控台执行。②进行每月一次反事故演习，由班长或班组技术员担任演习导演、当值参演；明确演习内容范围为《变电站 $N$-1 事故处理预案》《变电站防全停事故预案》及《风险预警单事故预案》。③大幅提高班组二级绩效反事故演习考核分值，引导调控员认真对待反事故演习和演习评价。

通过完善预案可执行性、明确反事故演习范围以及班组二级绩效考核的引导作用，在执行几次反事故演习后，班组成员开始利用空余时间主动学习、研究相关预案，对预案越来越熟悉，业务水平也得到明显提升，几次反事故演习下来效果都很好。期间调控员遇到变电站 $N$-1 情况的事故处理表现稳定、优秀，获得了上级调度及其他部门的肯定。

**【反事故演习概述】**

反事故演习是调控运行班日常管理工作的一部分，是培训和检验调控员在遇到突发事故状态下的实操业务水平的重要手段。

**【举措分析】**

班组长小王某天突击检查班组成员业务水平，却发现班组成员业务水平不理想，对此很是忧心。后来在老主任的提醒下，结合班组日常管理经验采取了以下措施：

（1）结合经验，制定策略。将班组管理工作中发现的问题进行记录和思考，根据自身的管理经验将日常各项管理工作进行结合，提出有针对性的培训管理模式。

（2）预先沟通，畅通渠道。召开班组会议前，小王先将自己的想法和措施跟大家通过班组群进行充分沟通，取得大家的理解和支持，确保班会讨论的顺利进行。

（3）提出方案，获得认可。组织召开班组会议，在班会上提出切实可行大家均能接受的方案并获得通过。

（4）绩效引导，有效执行。严格执行班组会议通过方案，通过班组二级绩效考核进行引导。

小王的举措方案很好地将班组事故预案、反事故演习、班组二级绩效管理进行结合，制定了一套有效提高调控员业务水平的管理措施，解决了班组当下遇到的问题。

【管理方案建议】

一个有针对性的管理措施的制定需要注意以下要点：

（1）管理措施要贴合实际，目标明确，具有针对性和可执行性。

（2）管理措施要与班组成员进行充分沟通，得到大家的认同，才能更好地执行，取得良好的效果。

（3）班组二级绩效的制定需考虑实际情况并具有引导作用。如本案例中大幅提高反事故演习的绩效分值，一是突出重点，可以很好地引导大家重视反事故演习培训工作；二是可执行性强，只要大家认真完成均可获得加分，能获得大家的认同。

（4）班组二级绩效考核的修改需要全体班组成员的表决通过。

## 一起动动脑

1. 小王针对该调控运行班组遇到的问题采取了什么样的措施来解决，取得了什么样的效果？

2. 如果你是该名班组长，你会采取什么措施？

## 小贴士

**绩效管理**

- **是指以企业发展战略为导向，通过对目标的分解，使管理者和员工在工作目标、任务要求以及努力方向上达成共识，并根据一定的评估标准和方法进行检查和评价，激励员工持续改进工作绩效，最终实现企业发展目标的一种管理方法**

根据《绩效经理人操作手册》班组日常绩效管理说明如下：

班后会

工作内容

点评工作完成情况，确定当日工作积分，做到结果公开、员工认可。

班务会

工作内容

1. 通报班组整体指标完成情况，对考核期内工作进行总结，制订绩效改进计划。
2. 公布班组员工工作积分和考核结果。
3. 完善班组工作积分标准。
4. 妥善处理班组员工的绩效申诉。

**要点和技巧**

工作积分记录应日清日结，并在班组内公开，依据考核激励重点完善积分标准。

工作内容

开展绩效面谈，反馈考核结果，帮助班组员工查找问题，明确对班组员工能力素质提升的期望和要求，沟通并制订绩效改进计划。

**要点和技巧**

面谈前要进行充分准备，提前告知班组员工。以非正式沟通为宜，肯定成绩，指出不足。

# 群策群力，分层分区管控业务时限

## 写在前面的话

业务处理时限紧的情况下，只有各环节人员共同参与，紧密衔接，分工明确，层层监督的情况下才能使业务完成时限得到有效控制。

## 案例聊一聊

随着用户用电信息采集系统的全面推广应用，用户用电数据实现远程采集，通过采录电压、电流、电量、功率等数据，可以实现用户用电特性分析、计量设备运行状况分析等功能的应用。用户用电信息采集系统的应用改变了传统的抄表和用电检查工作模式，实现了数据的实时获取，为大数据分析提供了必要的数据信息，大大提高了我们日常工作的时效性和工作效率。然而，目前该系统的应用却面临着两个难点问题：一是各项功能应用均建立在数据完整的基础之上，这就意味着安装在现场的采集设备必须运行正常，而实际情况是设备故障频发；二是通过数据分析发现的用电异常情况，需要及时进行现场核实和处理。在实际工作中，采集设备的故障排除和用电异常情况在处理时限上都有较高的要求，这困扰了很多工作人员。

某供电所营销班的班长小陈最近一直思考着这一问题，采集设备故障多，用电异常多，都需要在尽可能短的时间内处理，不及时处理还要面临同业对标考核和业绩考核，但是本班组的处理时限严重滞后，这可怎么办？

经过一番调查分析，小陈大致了解到在该项业务的处理中存在的几个问题：一是大家都在拖延，都在等别人处理；二是多数人对时限要求及相关的考核内容不清楚；三是该项业务到底由谁负责模棱两可。面对眼前分析出来的问题，小陈总感觉这只是表面现象，究竟导致这些问题的深层次原因是什么？还有没有其他问题？……一个个疑问不停地在小陈的脑海中盘旋，久久不能散去。

越想越多，越想越复杂，也越想越混乱，小陈索性找到综合管理员小叶，让小叶通知台区经理小唐、小管、老单、老留、小季、小王以及流程操作人员小尹、小慧、小潘，一起到会议室开会讨论这个问题。

“这个问题我是知道的，也很有感触，我去公司开会的时候也多次听到这个问题，就我个人的看法来说，这里有个比较严重的问题，那就是分工不明确，没有将责任分解到个人。举个例子来说，让我和小季、老单一起负责设备故障处理，但具体分工我们三个人都不清楚，谁打印清单，谁去现场处理，谁来走后续系统流程，分工不明确，最后变成我们三个互相推来推去，浪费时间、人力。”会上，听到小陈所说的情况后，小唐立即发表了自己的看法。

“衔接工作都没有统一的意见，如何开展工作？”“责任不到人，工作无法开展。”“对于时限要求和相关考核，有的人员还不清楚。”……紧随其后，各与会人员也都纷纷发表了自己的意见和建议，其中老单和小季还就具体的某个设备故障和某个用电异常用户进行了举例说明，对其中的每个环节时限滞后的原因进行了深入分析。

经过激烈的讨论交流，大家对导致处理时限滞后的原因形成了一个比较一致的结论，归纳起来有以下几个方面：一是流转不顺畅，对任务派工、现场处理、系统流程操作等环节如何衔接没有统一意见。二是分工不明确，没有将任务分解到具体的对应责任人。主要表现在两个方面：各个环节由谁负责没有明确分工；现场处理人员负责的具体区域没有划分明确。三是培训不及时，没有将处理故障和异常的方法传授给每一个人，彼此之间相互沟通和交流也偏少。四是监督不到位，各环节的处理时限缺乏监督，在临近考核时限时没有人能及时提醒，只有在超时被督办时才知晓。

针对这些原因，参加会议的人员也讨论了下阶段的整改措施，最终形成了一套大家都认可的管理机制。概括而言，主要有以下几项内容：一是建立时限管控组织机构，将时限管控划分为任务分派、现场处理、远程调试和后续流程处理四个环节，将辖区供电范围划分为三个区块，每个区块一组独立的处理人员；二是明确各个环节具体的责任人员及具体的工作事项；三是制定各环节处理的内部管控时限；四是设立监督人员，对各环节时限及整体时限进行监督，对超时人员进行督办；五是定期召开分析会议，共享故障处理经验。

班长小陈根据大家讨论的结果，起草绘制了时限管控的网络图，编制了采集故障及用电异常时限管控管理办法，并将这些打印出来分发给各有关人员，让大家花些时间再完善、再改进。

过了两天，小陈根据完善好的管理办法，让大家先各自认领任务分区。由于新的管理方法是大家群策群力讨论制定的，大家都表现出了极大的热情和支持度，小唐主动认领了万阜区块的监督任务、现场作业和系统流程操作环节的处理；小潘、小伊和小慧由于日常工作侧重内勤，也主动认领了分发任务清单和配合远程调试任务；小王、老留等其余人员也按各自对设备和地理的熟悉情况认领了现场处理的责任区块。会后小陈很感动，他没想到通过大家讨论制定的方法，大家都主动对号入座，认领了任务，而在开会之前他还在担心如果没人认领，要指定人员的话肯定会出现部分人员的不满，进而影响工作积极性。

群策群力的工作氛围，让各班组成员都不好意思拒绝接受任务，看见别人主动了，自己也不好意思被动。根据最后的任务分配情况，班组长小陈最后制定了一份分工及任务表。

自从建立了这套管理体系，班组成员分工明确，业务流转和监督到位，大家都清楚自己所承担的事项及时限要求，采集故障及用电异常的处理时限得到有效控制，平均处理时长比之前有了非常明显的缩短，达到了同业对标及业绩考核的指标要求。由于时限得到有效控制，这套管理方法也得到本公司其他班组的认可和借鉴。

具体管控的网络示意图如下：

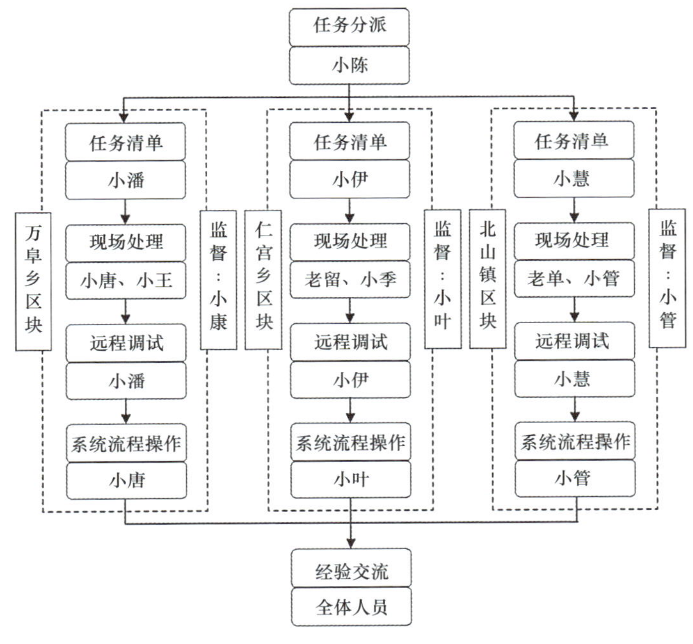


## 分析看一看

### 【业务时限管控方法概述】

业务时限的管控，考验的是班组成员之间的协调作业能力、需班组成员各司其职，分工协作，紧密配合，相互监督和互相提醒才能取得良好的效果。

### 【举措分析】

班长小陈遇到了采集设备故障及用电异常处理时限严重滞后的

问题，召集班组成员共同讨论，制定出来一套详细的管控方法。班组长小陈在这过程中主要采取的措施有：

（1）调查分析问题。掌握问题的表现形式和初步分析引起的原因，做到让自己先融入该项业务。

（2）通过与组员共同分析和讨论，找出问题的主要原因是任务分工不明确，流程不顺畅，培训不到位。并提出服务范围分区管理，明确任务流程及监督管理方法的解决方案。

（3）根据讨论结果，由班组成员自主认领任务分区以及工作任务。责任落实到个人，各环节确定内控时限和监督人员，确保了方案的可操作性。

（4）注重后续的经验共享，在问题解决的过程中，让大家定期组织会议进行经验交流，有利于促进业务水平的提升。

**【管理方案建议】**

班组长在进行业务管控的过程中，应注意以下几个方面的问题：

（1）厘清业务流转的环节、具体操作以及时限要求，布置任务做到举措细致，要求清晰。

（2）业务管控需做到分工明确，责任落实到个人。

（3）充分发挥班组的团队作用，共同分析问题和制订解决方案。

（4）做好过程管控和闭环管理，业务实施过程中要有人监督，做到可控在控。

（5）善于总结提高，总结过程经验，完善后续的工作举措。

## 一起动动脑

1. 班长小陈对自己所遇到的问题都采取了哪些措施来解决，这些措施的可推广性如何？

2. 如果你是该名班长，对压缩业务处理时限有哪些更好的方法?

## 小贴士

用户用电信息采集系统是指通过对配电变压器和终端用户的用电数据的采集和分析，实现用电监控、负荷管理、自动抄表、用电检查等功能应用的一套系统，其主要通过在配电变压器和用户电能表处安装采集终端来实现数据采集。文中提到的故障设备指的就是采集终端的故障，而文中提到的用电异常指的是通过数据分析后发现的用户电压缺相、电表时钟不准、反向电流等各种不正常的用电情况。

文中在时限管控上，最后所采取的措施体现的是闭环管理和过程管控，两者有效结合，归纳起来是制定目标、安排计划、现场实施、检查调整、改进提升几个环节实现闭环，而在这几个环节中均设置了过程监控。

# 让代沟不再成为班组进步的阻力

## 写在前面的话

一个班组的进步，离不开班组成员间的团结与合作，唯有取长补短才能互利共赢。

## 案例聊一聊

近年来，公司体制不断改革，逐步推动着电网的高速发展。为了适应新的环境，达到建设世界一流电网、建设国际一流企业的奋斗方向，公司向全国高校招收了大批的应届大学生。这一批批大学生的加入，为公司注入了新鲜的血液，同时也对公司的固化思维和模式产生了冲击，尤其是对在公司工作了几十年的老师傅。

某供电公司客户服务中心用电检查班的杨班长最近就为这件事挠破了头。因为在他手下的用电检查班，有一个已经是在电力一线岗位上工作了二十几年的何师傅，还有一个林师傅的工龄也有十几年了，怎么说在公司，在部门也是资历深厚的老前辈，自己在许多问题上，都要请教这两位老师傅。但是无奈，这两年刚进单位的两个大学生，小江和小王并没有把这些资历放在眼中，进单位时间并不长的他们有着一种“初生牛犊不怕虎”的劲儿。慢慢地，好像资历深厚的老师傅和新进的大学生之间有一条看不见的鸿沟在不断地扩大，把双方的关系越隔越远。在杨班长与林师傅的一次工作交谈中，杨班长问起了这个问题：“林师傅，你觉得新进的两个大学生在工作方面表现怎么样?”林师傅回答说：“两个小年轻啊，人是很聪明的，什么都是一点就会，但是有时候啊，太过于依赖课本上学来的东西，平时也不喜欢问我们，其实我们还是很愿意在工作上分享我们的经验的，毕竟他们的年龄就跟我们小孩差不多。”

经过这次交谈之后，杨班长决定去了解一下这两个年轻人的内心想法。某天下午，杨班长就把这两个年轻人叫到办公室，打算来一次深入交流。“小江、小王，你们进单位也好些日子了，觉得工作中有遇到什么困难吗?”小王回答道：“说到困难倒是有一个，就是有时候去现场做用电检查的时候，碰到好多问题，心里都特别没底。”“那你们为什么不向老师傅们请教呢?”杨班长继续问道。小江接着回答道：“老师傅好多都是老一套，很多东西都跟不上时代进步的步伐了。他们说的也不一定对啊。”

通过和老师傅还有两个大学生的交谈之后，杨班长终于找到了问题所在，年龄和阅历的差异，也就是我们所谓的代沟，导致了班组内新老成员协作困难。于是杨班长在班组中进行了一次班组成员工作情况大征集的活动，要求每位班组成员将自己在工作中擅长的方面和不擅长的方面统统罗列出来。杨班长把每个人的反馈情况都仔仔细细地分析了一遍，将不同人的优势和劣势进行相互比较。

总结了这些内容以后，杨班长在后续的工作中安排新老员工合作进行用电检查，现场检查由老员工指导新员工检查，检查后的退补工作由新员工协助老员工完成。此外，根据新老员工各自不同的优势，杨班长邀请骨干老员工根据自身多年现场工作经验，总结现场常遇到的问题，编写相应的解决方案供新员工参考；同时邀请新员工在学习了新的系统操作方法后，编写操作手册方便老员工学习。最后每月对互帮互助内容及收获进行汇总，新老员工互相点亮团结友爱的小星星。

自从采取了这一系列合作共赢措施之后，新老员工通过自身的优势互补，大大提升了班组的工作效率，新员工的现场工作经验愈加丰富，老员工也不再为了各种退补方案、新系统的操作而浪费大量时间。通过互相点亮友爱小星星，班组新老员工之间的沟通也变得多了起来，年轻人的活力使得班组氛围更加和谐，从此年龄鸿沟不再是阻碍，反而成为推动班组进步的动力。

## 分析看一看

**【团队协作概述】**

为了更好地达成班组目标，班组长需要帮助员工消除个人主义，培养团队合作默契，取长补短，从而实现 1+1>2 的效果。创建和谐友好、协作共赢的班组团队。

**【举措分析】**

杨班长在遇到班组新老员工缺乏协作，存在年龄鸿沟的问题时主要采取了以下举措：

（1）分别与班组中的老师傅和新员工进行沟通交流。了解并分析新老员工之间缺乏交流合作的原因。

（2）组织班组工作情况征集活动。对班组各成员的优劣势进行汇总，充分了解班组成员能力结构。

（3）采取新老搭配的工作安排方式。杨班长根据班组成员各自优劣势情况安排新老员工合作进行工作，同时邀请新老员工各自编纂经验知识手册，方便彼此进行知识交换。后续还通过互相点赞，巩固效果。

杨班长的举措，很好地了解了不同层次人群的优劣势，通过采取一系列合理的共赢措施，解决了班组当下遇到的问题。

**【管理方案建议】**

班级成员之间的和谐共处，优势互补，合作共赢对班组的建设非常的重要，能够大大提升班组的工作效率，提高凝聚力。

**采取民主型领导方式**

- 通过开展班组长谈心谈话工作，多与班组成员接触，了解他们的困难及优势，充分发挥班组成员的主观能动性

**根据员工能力情况合理搭配工作伙伴**

- 班组长在做工作安排时，应从实际问题出发，结合每名员工的工作能力，合理安排分工协作，实现优势互补，提高班组工作效率

**促进班组团队文化建设**

- 通过丰富班组文化活动，建立顺畅的内部沟通渠道，构建班组团队感情融洽和谐的局面

## 一起动动脑

1. 杨班长对用电检查班遇到的问题采取了什么样的措施来解决，达成了什么样的效果？

2. 如果你是该名班长，你会采取什么措施来改善班组现状？